中央大学社会科学研究所研究叢書······40

有権者と政治

宮　野　勝　編著

中央大学出版部

は し が き

　本書は，有権者と政治にかかわる研究論文を集めた論集である。

　各章のテーマは，（1章）メディアの内閣支持率調査はどのくらい信頼できるのか，（2章）女性の政治関心が低いのはなぜか，（3章）世代格差と経済格差は政治意識の格差を生んでいるか，（4章）参院選における「合区」は投票率にどのような影響を与えたか，（5章）選挙における動員は民主主義の理念に合致しているか，（6章）科学技術イノベーション政策において科学技術コミュニケーションはどのように位置づけられるか，というものである。それぞれ，政治意識，選挙，政策，にかかわる重要な問題を取り上げており，かつ，研究のための研究にとどまらず，社会への提言に向かう現実的な視線に裏打ちされている。

　第1章は，2009年1月から2020年途中までの期間について，5つのメディアが公表してきている内閣支持率・不支持率，また「その他」の率を取り上げ，それらがメディア間でどのくらい異なるかを調べ，それらの異同とその原因を提示している。そして，メディアの世論調査がどのくらい信頼できるのか，どのような意味で信頼できるのかを示し，世論調査が人々に信頼されるようになるためのアイデアを提案している。

　第2章は，2007年と2015年の2時点のミクロ・パネルデータ「JLPS-M」を用い，女性のライフコース（婚姻状況や子供の有無）・社会階層要因（学歴・職業）と政治関心・投票意向の関係について，相関分析を手始めに，順序プロビットモデルで分析している。日本の女性の政治関心は男性よりも低いと目されており，分析の結果を用い，女性の政治関心が高まるための道筋についても考察している。

　第3章は，2019年に実施したウェブモニタ調査を用い，年代の断絶や経済格差が民主主義社会に及ぼす影響を検討している。年代と所得・資産によって，政治的有効性感覚や政治意識がどのように異なるのか論じるため，階層型

クラスター分析を用い，年齢・世帯年収・資産によって回答者を分類し，政党支持と政治参加行動，政治的有効性感覚と民主主義観，政治的意見，の違いを調べている。また違いがみられる原因として，政治的知識と情報接触の効果を検討し，政治へのかかわり方の格差解消の可能性について言及する。

　第4章は，2016年参院選から選挙区が合区された鳥取・島根および徳島・高知の各県に，同じ中国・四国地方の一人区だが合区対象とはならなかった各県のデータも加え，中国・四国8県の市町村レベルの投票率データを分析している。重回帰分析を試み，合区の導入が投票率の変化に与えた影響を調べ，さらに，市町村選挙での「選挙区域の拡大」に相当する「合併」と「合区」の両方を経験した市町村ほど，投票参加に影響が生じたか否かを検討している。そして投票価値の不平等状態を見直すために導入された合区の，民主主義への適合性を論じる。

　第5章は，政党と有権者が政策と投票を交換する動態を描写して，市場としての選挙が内包している機能を明らかにしようとする。そのために，交換理論を公共選択理論の枠組みから再構築したコールマンの「行為の線形システムモデル」を援用し，政党・候補者が競争して有権者の票を獲得するメカニズムをフォーマルモデルで考える。動員して票を獲得するよりも，「政策と投票の交換」により選挙での勝利がもたらされるメカニズムが存在するとし，この議論が，選挙制度の改革のみならず，政治改革に結びつく可能性を示唆する。

　第6章は，2000～2010年代の，日本の科学技術イノベーション政策の動向の変化と科学技術コミュニケーションの関連を，整理する。そのうえで，これらの計画や戦略がどれだけ達成されているのか，また方向性を示すという基本計画としての機能を果たしているのかを考察する。さらに，科学技術イノベーションの促進を前提とした科学技術コミュニケーションが，科学技術コミュニケーションの科学技術イノベーションへの批判性を弱める可能性について論じる。

　本書は，2017年度から2020年度にかけて，中央大学社会科学研究所におい

てなされた共同研究「有権者と政治」チームの報告書であり，基本的にはすべ
て書下ろしである。新たな議論を展開しようとしているため，やや生硬な表現
や完成しきれていない論理や方法も混在していると思われる。ただし，いずれ
の章も，現実の諸問題に対して，実証的にあるいは理論的に取り組もうとする
試みである。社会を変える，あるいは社会が変わることは簡単ではない。しか
し構想を提示し合い，論じ合うことなくして，先には進めない。本書が将来構
想の議論に資することを願っている。

2020 年 9 月

編著者　宮　野　　　勝

目　　次

第6章　日本の科学技術イノベーション政策における
科学技術コミュニケーションの位置づけ

種 村 　 剛

第 1 章
内閣支持・不支持率とメディア世論調査の信頼性
—— 2009 年〜 2019 年における「その他」率と
「1 回聞き」・「2 回聞き」の影響——

宮 野 　 勝

1． は じ め に

　新聞・テレビなどのメディアが実施する世論調査に対して，一般の市民からの信頼性は必ずしも高くない。信頼できないと明言する人もいるし，信用してよいのかどうか迷っている人も少なくない。(宮野：2019：41 頁参照。そこでは，原・中野：2016 から「NHK の 2015 年 5 月調査」，穴澤：2018 から「中央調査社の 2015 年 11 月調査」，の結果を引用している。)

　また，メディアの世論調査にはバイアスがあるのではないか，それは各メディアのイデオロギー位置が関係しているのではないか，などの言説もしばしば耳にする（たとえば，岩本：2015：151−152 頁参照）。

　他方で，「メディアによって絶対的な数値それ自体は大きく異なるが，各社上下の動きは，ほぼ同等である」との主張は以前から耳にするし，また，マスメディアの世論調査は信用できるという意見もある（菅原：2011：27 頁）。

　宮野（2009：99 頁）で論じたように，本来，同じ日に，同じ方法で無作為抽出調査をすれば，標本誤差による差のみが生じることになり，類似した結果になるはずである。一つのありうる結果として，差の平均はゼロになり，分布は正規分布に近くなり，差の 95％信頼区間はサンプル数に応じて予想の範囲内となることが考えられる。ただし，メディアによって，調査日が異なってい

たり，調査方法が相違していたりするため，より複雑な相違が生じる。

　本論文では，次の3つの問いを立てる。

① 　報道される内閣支持率が，メディア間で10％も異なったりするのは，なぜだろうか。

② 　そのようなメディアの内閣支持率調査は，どのくらい信頼できるのだろうか。

③ 　どうすれば，メディア世論調査は信頼されるようになるのだろうか。

これらの問いについて，あらためて考えを進めたい。

2．先行研究の紹介と，新たな論点

2-1　先行研究の紹介

　宮野（2009：108頁）では，「絶対」支持率と「相対」支持率という概念を導入し，「相対」支持率での比較を推奨した。（「絶対」支持率は，調査結果として各メディアが公表している支持率であり，提案した「相対」支持率は，「支持÷（支持＋不支持）」という単純な式に基づくものである。）また宮野（2009：113頁）では，2008年1月から2009年2月初めまでのデータを用い，政党支持率・内閣支持率について，次の趣旨の結論を得た。①絶対的な数値がメディア間で大きく異なる一つの理由は，質問の仕方などに微妙な差異があり，「分からない・答えない」などの率が，大きく異なるためである。②「分からない・答えない」などの回答を除いて「相対」支持率＝「支持÷（支持＋不支持）」という形に加工すると，メディア間でのばらつきが小さい指標になり，その限りでメディアの世論調査は信頼できる。③「相対」支持率については，各メディアのイデオロギー位置に由来する特徴は見られない。

　宮野（2019：55-56頁）では，データ期間を2009年1月から2013年12月までの5年間とし，自民党→民主党→自民党という，2回の政権交代を挟む期間を分析し，政権政党のイデオロギーと，各メディアの立ち位置，世論調査結果，の三者の関連を調べ，次のような結論を得た。①世論調査結果に対し，政

権党や各メディアのイデオロギー差の影響は，認めがたい。②内閣「不支持」率にも注目すべきである。③世論調査結果の比較について，「同月」調査での比較は危うく，メディア間での比較には，「同日」調査を用いるべきである。

　別の試みとして，埼玉大学の「社会調査研究センター」は，2017 年 1 月分から，メディア 6 社の内閣支持率の平均値を公表している（http://ssrc-saitama.jp/）。これも内閣支持率の一つの指標である。ただし，「同月」調査の平均のようだ。

　また，三春（2019：36-45 頁）においても，「内閣支持率の補正」が考えられており，「各社の世論調査の精度を評価した上で，独自のウェイトをかけた加重移動平均を用いました」（41 頁）としている[1]。これもまた内閣支持率の一つの指標であるが，「相対」支持率や，「同日」調査比較などに比べて，どの様な特徴を持つのかは，明らかではない。

　本論文では，宮野（2009，2019）の議論を次の 3 点で進める。①データ期間を 2009 年 1 月から 2020 年 8 月 22 日実施分までとし，より長期の 11 年半余りを対象とする。②「分からない・答えない」などの率（「その他」率と呼ぶ）に，あらためて注目し，より詳しく比較する，③ 1 回聞き調査と 2 回聞き（＝重ね聞き）調査の数値を比較することで，新たな知見を得ることを目指す[2]。

2-2　新たな論点

　宮野（2009，2019）での議論に対し，本研究では，次の 3 点に焦点を当てつつ，それらを先に進めたい。

1　データ期間の延長

　第 1 に，宮野（2019）で扱ったデータは，2009 年 1 月から 2013 年 12 月までであった。民主党内閣の時代の世論調査を，その前後の自民党政権と比べるための限定だった。

　これに対し，データの範囲をさらに広げ，2009 年 1 月から 2020 年 8 月 22 日実施分までとする。宮野（2019）では，2012 年 12 月に始まった安倍政権は，

1年ほどしか含められていなかった。後ろに広げることで，安倍政権での世論調査も議論に含められる。また，2016年くらいから始まった「固定電話＋携帯電話」ミックス調査における世論調査の変化の有無について，議論が可能になる。そして，期間が長くなるため，「同日」調査のケース数（N）が増え，より信頼できる分析となる。

2 「その他」率・不支持率を前面に据える

第2に，支持・不支持以外の回答（分からない，答えたくない，など）の大きさと影響について考えたい。宮野（2009）で，この点が絶対支持率の違いを生む一つの原因であることは指摘してきたし，また，「相対」支持率を考えるに至る原因であった。

今回，一歩を進める。まず「その他」の率を比較する。そして，「その他」率が小さいメディアでは，その分が，「支持」・「不支持」に，どの様に割り振られることになっているのか，その「行き先」について考える。

3 2回聞きと1回聞きが及ぼす影響

第3に，日経の世論調査は，日経テレコンの記事に掲載されている（2回聞きの）結果の他に，ホームページで1回聞きの結果も公表されていた。筆者が2018年8月に閲覧したデータを用い，日経の1回聞きデータ（日経1とする）と2回聞きデータ（日経2とする）とを比べてみる。これにより，2回聞きの調査か，1回聞きの調査か，が調査結果に及ぼす影響を定量的に調べることができる。

この点は，日経1と日経2の比較にとどまらない。他のメディアでも，1回聞き（あるいは1回聞き相当）のメディアや2回聞き（あるいは2回聞き相当）のメディアがある。あるいは，調査の仕方で，どちらに近いかという問題がある。メディア間での相違のどのくらいの部分が，この1回聞き相当か2回聞き相当かという調査方法に由来するか，推測を試みたい。

3．使用するデータ——種類と期間

　5つのメディア（**NHK**，朝日新聞，日経新聞，毎日新聞，読売新聞）の公表されている世論調査結果から，内閣支持率・内閣不支持率・その他（**DK/NA**）率，を比較する（以下，**NHK**・朝日・日経・毎日・読売という略称を用いる）[3]。本章の図・表は，これらのデータを筆者が加工したものである。

　扱う期間は，2009年1月から2020年8月22日分までの約11年半とする。この期間を，政権政党の違い（自民党政権か，民主党政権か）と調査方法の違い（固定電話 RDD 調査か，固定電話・携帯電話ミックス調査か）に基づいて，以下の4期間に分ける。

　　期間1：2009年1月～2009年9月6日　　　　自民党麻生政権

　　　　　　　　　　　　　　　　　　　　　　　　　（固定電話 RDD 調査）

　　期間2：2009年9月17日～2012年12月18日　民主党政権

　　　　　　　　　　　　　　　　　　　　　　　　　（固定電話 RDD 調査）

　　期間3：2012年12月27日～2016年3月　　　自民党安倍政権

　　　　　　　　　　　　　　　　　　　　　　　　　（固定電話 RDD 調査）

　　期間4：2016年4月～2020年8月　　　　　　自民党安倍政権

　　　　　　　　　　　　　　　　　　　　　　　　　（ミックス調査開始）[4]

　　期間4-1：2016年4月～2018年8月　　　　　期間4の前半

　　　　　　　　　　　　　　　　　　（期間4で日経の1回聞きデータを用いる期間）[5]

　まず4節で「期間の全データ」による分析を紹介する。しかし，宮野（2019）の主要な結論の一つは，調査日が異なる時，比較可能性に問題がありうるということであった。内閣支持率は，1カ月の間にも大きく変動しうる。このため，たとえ同じ月の調査（「同月調査」と呼ぶことにする）であっても，月初めと月末の調査では，比較に注意が必要になる。（同じメディアの同月調査でも異なりうる。たとえば，2010年6月9日に，絶対内閣支持率は，読売64％，毎日66％だったが，同

年6月27・28日には，50％・52％になっている。）さらに，たとえ「1週間違い」でも，数値が異なる時に，あるいは，近似した値の時に，測定の問題と意見の変化と，どちらがどのように関与しているのか識別することは難しい。

そこで，5節の調査日が同じ調査（「同日調査」と呼ぶことにする。終了日が同日か否かで決めるが，1日違いまで含めることにする）が分析の中心になる。「同日調査」であれば，異なる調査の間で「意見が変化」したという可能性をほぼ排除でき，測定の問題に限定できるためである。

4．「期間の全データ」によるメディア調査の比較

4-1　支持率・不支持率

今回，扱う期間は約11年半であり，各メディアの内閣支持率データは，128〜174ケースある。ケース数が多くなると，各種の特殊性がならされ，大きな特徴をつかむために有用であるとみなせるようになるだろうか。

相対内閣支持率・絶対内閣支持率・絶対内閣不支持率について，表1-1に示す。実際に有用かどうかは，後出する「同日調査」データと比べることで調べられる。全体データは，より信頼性が高い「同日調査」データの代りにはならないが，概略をとらえる程度には役立つと予想する。

表1-1とその一部を図示した図1-1〜図1-3から読み取れる情報を，いくつか言語化しておこう。

1)「各期間で，平均的に，どのくらい，内閣支持率・内閣不支持率が，高かったのか，低かったのかを見てとれる」。

各メディアの平均値で，民主党政権では（絶対）不支持率の方が（絶対）支持率より8〜15％高く，安倍政権では（絶対）支持率の方が（絶対）不支持率より10〜17％高かった。

2)「絶対内閣支持率のメディア間の差は大きいが，相対内閣支持率はメディア間の差が小さい」（表1-1や，図1-1と図1-2を参照）。

　図1-1と図1-2では，メディア間のデータの散らばり具合の相違を視認できる。相対支持率の方が，定義上，値は高くなるが，散らばりはずっと小さくなっている。3つの期間の変化では，相対でも絶対でも読売と朝日が平行に近く，相対では日経，絶対ではNHKが読売・朝日と平行に近い。毎日は，相対でも絶対でもこれらと異なる動きをしているように見える。

　3)「相対内閣支持率で，朝日・毎日は，読売・日経より3.1～3.2%低い」。

　表1-1より，相対内閣支持率は，全期間の平均値では，読売と日経（2回聞き）が53.3%で等しく，NHKも1.1%低いだけである。

　4)「絶対内閣支持率は，日経・読売が高く朝日・毎日が低く，両端の日経と朝日の差は8.2%である」。

　ただし後述するように「同日調査」で，「日経1」（日経の1回聞きデータ）と朝日の絶対内閣支持率の差は，0.3%である。（表1-1より，絶対内閣支持率は，全期間の平均値では，日経・読売は高めで48.0%・47.6%，NHKが中間で43.3%，毎日・朝日は低めで40.6%・39.8%である。）

　5)「絶対内閣不支持率は，日経・読売が高く，朝日・NHKが低い。レンジは，1.5%～2.2%で，絶対内閣支持率のレンジと比べて小さい」。

　定義上，「絶対内閣支持率と絶対内閣不支持率の合計」は，「その他」率が高いと高くなる。ただし，支持と不支持のそれぞれが，どの程度高くなるかが問題であり，その違いが相対内閣支持率での差に表れる。図1-3からも視認できるように，「絶対内閣不支持率のメディア間の差は，期間2の民主党政権で大きく，期間3の安倍政権で小さい」。（この理由は未解明である。）

　6)　なお，期間3と期間4を合併したとき，「値自体」は加重平均になるが，「値の差」については，必ずしも中間の値にならない。各期間における各メディアのケース数が異なるためである。（たとえば，期間3・期間4・［期間3＋4］と並べて示すとき，読売と朝日の「値の差」は，相対内閣支持率では，3.5%・4.0%・［3.3%］，絶対内閣支持率では，10.0%・8.6%・［8.9%］，絶対内閣不支持率では，1.4%・0.9%・［1.4%］，となる。すなわち，期間［3＋4］の「値の差」は，期間3・期間4の各「値の差」の加重平均や中間の値には，必ずしも，ならない。）

表 1-1 2009 年～ 2020 年 8 月における相対内閣支持率・絶対内閣支持率・絶対内閣不支持率

| | 相対内閣支持率 | | | | | 絶対内閣支持率 | | | | | 絶対内閣不支持率 | | | | |
	朝日	毎日	NHK	読売	日経	朝日	毎日	NHK	読売	日経	朝日	毎日	NHK	読売	日経
期間 1	24.0%	24.2%	26.1%	26.1%	25.9%	20.3%	19.7%	23.2%	23.5%	23.9%	64.3%	61.9%	66.0%	66.8%	68.7%
N	8	9	9	11	7	8	9	9	11	7	8	9	9	11	7
期間 2	40.1%	46.2%	43.6%	45.4%	43.6%	32.0%	37.3%	36.4%	40.3%	39.5%	47.8%	42.9%	47.2%	48.5%	51.0%
N	44	41	38	51	36	44	41	38	51	36	44	41	38	51	36
期間 3	59.9%	61.0%	62.6%	63.4%	62.7%	47.4%	49.7%	52.4%	57.4%	55.0%	31.7%	31.8%	31.3%	33.1%	32.5%
N	50	34	39	46	40	50	34	39	46	40	50	34	39	46	40
期間 4	52.9%	50.9%	55.2%	57.0%	57.0%	41.8%	41.0%	45.0%	50.4%	52.0%	37.3%	39.8%	36.6%	38.2%	39.3%
N	57	44	52	66	47	57	44	52	66	47	57	44	52	66	47
期間 3+4	56.2%	55.3%	58.3%	59.6%	59.6%	44.4%	44.8%	48.2%	53.3%	53.4%	34.7%	36.3%	34.3%	36.1%	36.2%
	107	78	91	112	87	107	78	91	112	87	107	78	91	112	87
全期間	50.1%	50.2%	52.2%	53.3%	53.3%	39.8%	40.6%	43.3%	47.6%	48.0%	39.8%	40.2%	39.9%	41.7%	42.0%
N	159	128	138	174	130	159	128	138	174	130	159	128	138	174	130

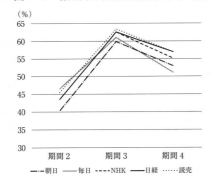

図 1-1 各期間の相対内閣支持率平均値

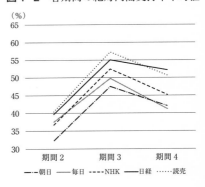

図 1-2 各期間の絶対内閣支持率平均値

図 1-3　各期間の絶対内閣不支持率平均値

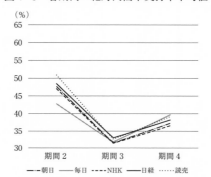

4-2　その他（DK/NA など）率

　内閣支持の世論調査では，「分からない＝DK」とか「答えない＝NA」などの回答者が一定数は存在する。ここでは，支持・不支持以外の回答すべてを「その他」（DK/NA など）として扱う。

　「その他」については，四捨五入の関係で，支持・不支持・その他の 3 つの割合の合計が 100％にならない場合もある。以下では，全回答者から「支持する」回答率と「支持しない」回答率を引いたものを「その他」の回答率として分析する（支持・不支持・その他の三者で 100％となる）[6]。

　表 1-2・図 1-4 に，メディア 5 社の，期間 1 ～期間 4 の「その他」（DK/NA など）率を示した。図 1-4 で視認できるように，（ケース数が少ない期間 1 はやや特殊だが，それ以外は，）メディア 5 社の「その他」率の平均値は，各メディアごとに安定的で，それぞれ大きくは変化していない。

　また，「その他」率は，低めの読売・日経と，高めの朝日・毎日の 2 つに分かれている。NHK は，両者の中間だが，期間 1 では読売・日経よりで，期間 2 から朝日・毎日よりに移動しているように見える。読売・日経の「その他」率の平均値は 10.7％・10.0％で，これに対し，毎日は 19.2％，朝日は 20.4％で，読売・日経の平均値の約 2 倍である。NHK は中間だが，やや毎日・朝日よりで，全期間の平均は，16.7％である。

　「その他」率は，メディア間の絶対内閣支持率に大きな影響を与えるため，注目に値する。

　定義上，「その他」率が10％低いメディアでは，10％高いメディアと比べ，差の10％分の「行き先」は，「支持」または「不支持」の回答になる。たとえば，読売の「その他」率の平均は10.7％で，朝日の20.4％よりも9.7％低い。この9.7％の差の結果，「絶対支持率と絶対不支持率の合計」は，読売の方が朝日よりも9.7％高くなる。これは論理的な関係であるので，実際のデータを調べるまでもなく，そうなる。

　なお，後述（表1-3）するが，1回聞きと2回聞きが「公表」されていた日経の調査では，（期間1から期間4-1の）109回の「その他」率の平均は，1回聞きで20.2％，2回聞きで10.2％で，それぞれ表1-1の朝日と読売の結果にほぼ等しかった。「その他率」については，調査メディアそれ自体よりも，1回聞きか・2回聞きが，重要だと推測する。

表1-2　2009年〜2020年8月の「その他」率

		その他（DK/NAなど）率				
		朝日	毎日	NHK	読売	日経
期間1		15.5%	18.4%	10.8%	9.7%	7.4%
	N	8	9	9	11	7
期間2		20.1%	19.8%	16.4%	11.2%	9.5%
	N	44	41	38	51	36
期間3		20.9%	18.5%	16.3%	9.5%	12.5%
	N	50	34	39	46	40
期間4		20.9%	19.3%	18.4%	11.4%	8.7%
	N	57	44	52	66	47
期間3＋4		20.9%	18.9%	17.5%	10.6%	10.4%
安倍政権		107	78	91	112	87
全期間		20.4%	19.2%	16.7%	10.7%	10.0%
	N	159	128	138	174	130

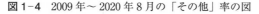

図 1-4　2009 年〜 2020 年 8 月の「その他」率の図

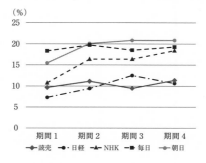

5．「同日調査」によるメディア調査の比較

　宮野（2019）で述べたように，月初めの調査と月終わりの調査とを比較すると，3 〜 4 週間の違いになり，その間に支持が大きく変動していることもあり，メディア間の違いを調べるには「同日調査」を用いた比較が望ましい。

　ただし，「同日調査」になった回数は，多い方で，読売-朝日の N=57，読売-NHK の N=56 で，少ない方では，毎日-NHK の N=14，日経-NHK の N=2 である。

　5 つのメディアの「同日調査」の組合せは，10 通りあるが，ここで取り上げて論じるのは，6 通りである。（日経調査を，1 回聞きの結果である日経 1 と，その後で 2 回目を聞いた結果である日経 2 に分けて数えると 15 通りになり，取り上げるのは 9 通りとなる。）

　第 1 に，日経 1 と日経 2 の比較である。1 回聞きと 2 回聞きの違いを調べる。

　第 2 に，朝日と日経 1・日経 2 との比較である。「その他」率が高い日経 1 と朝日，「その他」率が大きく異なる日経 2 と朝日を比べ，「その他」率がメディア間の比較に及ぼす影響を考える。

　第 3 に，読売と日経 2 の比較である。両社は「その他」率が低い点で似ており，それ以外の指標についても，2 つのメディアの近似度を検討する。

　第 4 に，朝日と読売と NHK という 3 組の比較である。NHK は，「その他」

率では，朝日・読売の両者の間（やや朝日より）にあり，絶対支持率は両者の
ほぼ中間で，相対支持率は読売に近似する。これらの違いをより詳しく眺め
る。

　第5に，朝日と毎日の比較である。この2つのメディアは，「その他」率が
高く，他の指標についても，2つのメディアは近似しているかを比べたい。

5-1　日経1と日経2（1回聞きと2回聞き）

　日経は，1回聞きと2回聞きの結果を，Webで「公開」している[7]。この両
者を比べることで，内閣支持率について，1回聞きと2回聞きの特性を調べる
ことができる。（これは，同じ調査の部分間での比較であり，「同日調査」の比較の特
別な場合である。）

　また，データの特徴からみると，日経の1回聞きは朝日に近く，日経の2回
聞きは読売に近い。このため，日経という一社のデータではあるが，単に一社
の分析を超えた意味をもつ可能性がある。

　表1-3は，2009年1月から2018年8月までの比較である。（「日経1」は日経
の1回聞きのデータで，「日経2」は日経の2回聞きのデータである。混乱は生じないと
考えるため，日経1を含む比較・言明で「全期間」という場合は，期間1から期間4-1
までを指すことにする。）

　1回聞きで「その他」だった人に追加質問するのが，2回聞き（重ね聞き）で
ある。このため，論理的に，1回聞きのデータよりも，2回聞きのデータは，

表1-3　2009年1月〜2018年8月の日経2と日経1の比較（N=109）

	相対支持率			絶対支持率			絶対不支持率			その他率			
	日経2	日経1	差	日経2	日経1	差	日経2	日経1	差	日経2	日経1	差	N
期間1	25.9%	24.4%	1.5%	23.9%	20.4%	3.5%	68.7%	63.9%	4.8%	7.4%	15.7%	−8.3%	7
期間2	43.6%	42.0%	1.6%	39.5%	33.3%	6.2%	51.0%	46.1%	4.9%	9.5%	20.6%	−11.1%	36
期間3	62.7%	62.7%	0.0%	55.0%	49.1%	5.9%	32.5%	29.1%	3.4%	12.5%	21.9%	−9.4%	40
期間4-1	58.1%	57.8%	0.4%	53.1%	47.1%	6.0%	38.3%	34.6%	3.7%	8.6%	18.3%	−9.7%	26
合計	52.9%	52.2%	0.7%	47.4%	41.6%	5.8%	42.3%	38.2%	4.1%	10.2%	20.2%	−10.0%	109

「その他」率は低く，「絶対支持率」・「絶対不支持率」の和は高くなる。問題は，2回聞きで，どのように回答の分布が変わるかである。

(1)　「その他」率の差

日経1と日経2の全期間（N=109）における「その他」率の平均値の差は，約10%だった。

また，日経1の20.2%は，同期間（期間4-1まで）の朝日（20.4%，N=138）とほぼ同じで，日経2の10.2%は，同期間（期間4-1まで）の読売（10.5%，N=147）とほぼ同じである。「その他」率からは，朝日と日経の1回聞き，読売と日経の2回聞きは，類似した調査方法に見える。

(2)　「（絶対）内閣支持率」の差と「（絶対）内閣不支持率」の差

日経1と日経2の全期間（N=109）における通常使われる「（絶対）内閣支持率」の平均値の差は，約6%で，（Nが小さい期間1を除けば，）5.9%～6.2%で安定的だった（レンジ 0.3%）。民主党政権でも，その後の安倍政権でもほぼ等しかった。

また，同じ平均値の差は，「（絶対）内閣不支持率」では，約4%だった。民主党政権では4.9%，その後の安倍政権では，3.4%・3.7%で，少し差がある。

(3)　1回聞き「その他」回答の，2回聞きにおける「行き先」

今回の日経データでは，1回聞きの「その他」20.2%のうちの約半分の10%が，2回聞きでは，「支持」または「不支持」が「行き先」となる。この時，2回聞きにおける「行き先」（支持・不支持）が，1回聞きと同じ支持・不支持の割合になるか否かが問題になる。

平均で考える。表1-3によれば，「期間2」の民主党政権での日経1回聞きでは，（絶対）内閣支持率・（絶対）内閣不支持率が，33.3%・46.1%だった。「期間2」では，日経1「その他」から日経2の支持・不支持への移動は11.1%で，「行き先」が1回聞きの支持・不支持と同じ割合であれば，それぞ

れ4.7%・6.4%の増加になるはずである。しかし，実際には，6.2%・4.9%
で，その相違分，つまり6.2%−4.7%＝1.5%ほど「支持」が多く，「不支持」
が少なくなっている。

　これに対し，「期間3」「期間4−1」の安倍政権では，「行き先」（支持・不支
持）は，1回聞きの支持・不支持の割合と，ピタリと，またはほぼ，一致して
いる。

　民主党政権に何らかの特殊性があったのだろうか，それとも，（絶対）内閣
支持率が低いときは，「行き先」が支持の方に傾きやすいことがあるのだろう
か。（残念ながら，さらなる資料が必要で，はっきりしたことは言えない。ただし，ケー
ス数が少なくはあるが，「期間1」の麻生政権後半の支持率が低い時期でも，1.5%ほど
「支持」が多く，「不支持」が少なくなるという，民主党政権と同様のことが起きている。
（絶対）内閣支持率が低いときは，「行き先」が支持の方に傾きやすい，という仮説に適
合的な結果ではある。仮にこの仮説が正しければ，（2）で記した当該全期間の平均値で
ある約6%・4%という増加分に，（絶対）内閣支持率の高低の影響を加えることで，一
般化できるかもしれない。）

（4）「相対内閣支持率」の差
　日経1と日経2の全期間（N=109）で，「相対支持率」＝「（「その他」を分母か
ら除くときの）支持率」の平均値の差は，0.7%である。期間ごとにみると，期
間1（麻生内閣後半），期間2（民主党政権）では，1.5%・1.6%の差があるが，
期間3・期間4−1（安倍政権）では，0.0%・0.4%でほぼ等しい。

　相対支持率は，定義からして当然であるが，上記の（2）（3）の影響を受け
る。期間3・期間4にみられるように，1回聞きの「その他」からの「行き先」
が，1回聞きの支持・不支持の割合と一致するほど，1回聞きと2回聞きの相
対内閣支持率の差はゼロに近づく。

　図1−5に，全期間（N=109）における日経1と日経2の「（絶対）内閣支持率」
と「相対内閣支持率」のグラフを示す。

　なぜ，日経1と日経2とで，相対支持率の差が，（わずかではあるが，）民主党

図1-5　2009 年 1 月〜 2018 年 8 月の日経 2 と日経 1 の相対支持率差と
絶対支持率差（N=109）

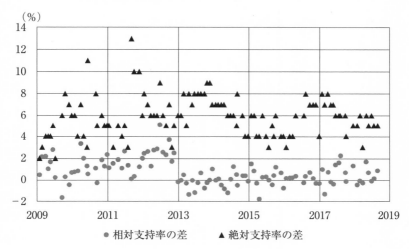

●相対支持率の差　　▲絶対支持率の差

政権では大きく，安倍政権では小さいのか。直接的な理由は，（絶対）内閣支
持率の高低と，1 回聞きの「その他」からの「行き先」の違いとにある。

（相対支持率の定義から明らかなように（（4）でも記したように，），2 回聞きで移動す
る「その他」からの「行き先」が，1 回聞きと同じ割合であれば，日経 1 と日経 2 の相
対支持率は一致する。このため，期間 3 の相対内閣支持率の平均値は，日経 1 と日経 2
とで一致し（ともに，62.7％），差がゼロになった。

期間 2 の民主党政権下では，絶対支持率の平均値は，日経 1 で 33.3％，日経 2 で
39.5％，差は 6.2％，絶対不支持率の平均値は，日経 1 で 46.1％，日経 2 で 51.0％，差
は 4.9％で，民主党政権下では，絶対支持率の平均値が 30％台と低いためか，「行き先」
では，支持が不支持よりも多かった。このため，相対内閣支持率に 1.6％の差が生じて
いる。）

5-2　日経 1・日経 2 と朝日との比較

「その他」率では，朝日と「日経 1」（日経の 1 回聞き）が近かった。これらに

「日経2」（日経の2回聞き）を含め，朝日と日経1・日経2との差を調べてみる。期間1〜期間4-1（2009年初めから2018年8月）までで，表1-4で示すように，麻生政権で3回，民主党政権で6回，安倍政権で13回，合計22回の朝日-日経の同日調査があった。

　表1-4をみて気づくのは，「日経1」と朝日との，調査平均値の近似性である。（絶対）内閣支持率・（絶対）内閣不支持率・その他率，すべてが近似している。とりわけ，次の点を指摘したい。

・日経の1回聞きと朝日とで，（絶対）内閣支持率の差の平均値（N=22）は0.3％である。

　絶対内閣支持率がこれほど近い場合，相対内閣支持率は不要になるだろう。
　しかし，「日経2」と朝日を比べると，調査平均値は大きく異なっている。（絶対）内閣支持率の差の平均値（N=22）は6.4％である。この場合には，相対支持率は大きな意味を持つ。
　以上の同日調査の結果を拡張して解釈すると，「当該全期間における朝日と日経2の（絶対）内閣支持率の公表数値の違いは，1回聞きと2回聞きの差で，大部分を説明できる」という仮説に行き着く。一つの大きな可能性である。

表1-4　2009年1月〜2018年8月の日経1・日経2と朝日との比較（N=22）

		経1-朝 相対支持率	経1-朝 絶対支持率	経1-朝 絶対不支持率	経1-朝 その他	経2-朝 相対支持率	経2-朝 絶対支持率	経2-朝 絶対不支持率	経2-朝 その他
期間1	%	0.1%	−0.3%	−1.3%	1.7%	2.3%	4.0%	3.0%	−7.0%
	N	3	3	3	3	3	3	3	3
期間2	%	0.5%	0.0%	−0.5%	0.5%	1.5%	7.0%	5.0%	−12.0%
	N	6	6	6	6	6	6	6	6
期間3/	%	1.4%	0.6%	−1.3%	0.7%	1.5%	6.6%	2.3%	−8.9%
期間4-1	N	13	13	13	13	13	13	13	13
全期間	%	0.9%	0.3%	−1.1%	0.8%	1.6%	6.4%	3.1%	−9.5%
	N	22	22	22	22	22	22	22	22

　（絶対）支持率は，1 回聞きよりも 2 回聞きの方が高くなるはずだが，どのくらい高くなるかは，時期にもよるかもしれない。

　2009-2018 年 8 月の期間で，日経と朝日が「同日」に調査した 22 回分の平均では，日経 1（1 回聞き）では，絶対支持率で 0.3%，相対支持率で 0.9% と，いずれも 1% 未満だった。これに対し，同じ日について，日経 2（2 回聞き）のデータを用いると，朝日との差の平均値は，絶対支持率は 6.1% 上昇して 6.4% となり，相対支持率も 0.7% 上昇して 1.6% となった。

　平均値では情報を縮約しすぎている恐れがある。この点を検討するため，図 1-6 に，22 回分の絶対内閣支持率について，「日経 2-朝日」・「日経 1-朝日」の分布を示した。絶対内閣支持率における日経 1 と朝日の差は，22 回中，13 回は ± 1% 以内である。（ただし，期間前半と後半で少し異なる）

　（これらの差は，小数点以下を四捨五入した元データで計算している。すると，丸めの誤差の影響が出るため，± 1% ほどの誤差がありうる点に注意されたい。たとえば，1% と 6% の差を考えてみる。1% と言っても 0.5%〜1.49%，6% と言っても 5.5%〜

図 1-6　同日調査の絶対内閣支持率の差：日経 1・日経 2 と朝日との差（N=22）

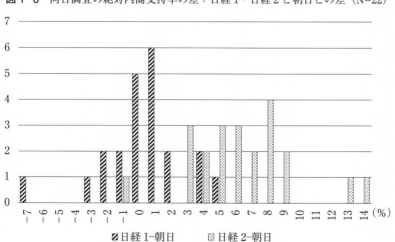

6.49%までありうる。したがって，小数点以下1位まで示した調査結果を使えば，5%の差と言っているものの実際の差は，1.49%～5.5%≒4%くらいかもしれないし，0.5%～6.49%≒6%くらいかもしれない。)[8]

5-3　読売と日経2の比較

　読売は「2回聞き（重ね聞き）」をしており，読売のデータは，日経2回聞きのデータと，よく似ている。表1-5に示した当該全期間の同日調査（N=35）で，「その他」率・絶対内閣支持率・相対内閣支持率（以下では，「その他・絶対・相対」と略称する）の平均値の差は，0.3%・-0.2%，・-0.1%だった。

　期間ごとで見ても，両メディアは（絶対）内閣支持率の近似度も高い。その中で，期間3のみ（絶対）内閣支持率の差が3.3%と大きめになっているが，これは，この期間で，「その他」率の差の絶対値が4.4%と大きめだったからである。相対内閣支持率は，全期間の平均値の差は，0.1%であり，4つの期間の平均値の差も，プラスマイナス1%以内である。

　この場合，期間3を除けば，絶対支持率で比べることも意味があろう。ただし，期間2のように「その他」率が異なるほど，絶対支持率での比較は注意が

表1-5　同日調査での読売と日経2の比較（N=35）

		読-経2 相対支持率	読-経2 絶対支持率	読-経2 絶対不支持率	読-経2 その他
期間1	%	-0.6%	-1.1%	-1.5%	2.6%
	N	3	3	3	3
期間2	%	-0.4%	-1.1%	0.1%	1.0%
	N	8	8	8	8
期間3	%	0.9%	3.3%	1.1%	- 4.4%
	N	8	8	8	8
期間4	%	-0.3%	-1.3%	-0.4%	1.8%
	N	16	16	16	16
全期間	%	-0.1%	-0.2%	0.0%	0.3%
	N	35	35	35	35

必要になる。(表は掲載しないが,読売と日経 1 との比較 (N=26) では,「その他・絶対・相対」の平均値の差は,−10.4%・6.3%・0.8%だった。当然ともいえるが,その他率と絶対支持率については,朝日と日経 2 との差にほぼ等しい。)

5-4　読売と朝日・NHK の比較

5-4-1 で読売と朝日を比べ,5-4-2 で読売と NHK を比べる。

5-4-1　読売と朝日の比較

読売と朝日は「その他」率や内閣支持率が異なる点では,5 社の中では両極にあるメディアである。表 1-2・表 1-1 の期間全データの平均値では,読売と朝日の,「その他・絶対・相対」の差は,−9.7%・7.8%・3.2%だった。

当該全期間で,同日調査の回数が最も多かったのが,この 2 社の組で N=57 である。表 1-6 の同日調査での差は,−9.9%・7.9%と 3.0%で,いずれも期間全データと ± 0.2%以内の違いで,ほぼ同様の結果だった。

ただし,「期間全データのケース数が増えると,同日調査を取り出して比べる意味は無くなる」とは言えないようである。期間ごとにみると,両者の違いが際立つ場合もあるからである。期間 2 の民主党政権では,読売と朝日の平均値の差を絶対内閣支持率差・相対内閣支持率差と表すと,表 1-1 の期間 2 全データでは,8.3%・5.3%であるが,表 1-6 の同日調査の期間 2 (N=17) では,6.3%・2.1%で,両データの違いは 2.0%・3.2%となる。これに対し,期間 3・期間 4 では,期間全データと同日調査の違いはより少なくなっている(たとえば,期間 3 では,10.0%・3.5%と 9.9%・3.2%で,違いは 0.1%と 0.3%である)。

この読売と朝日の相違はどのように説明できるだろうか。

両メディアの調査結果の違いの多くは,「その他」率の違いに起因する。2 回聞きの読売と 1 回聞きの朝日では,絶対内閣支持率が異なるのは当然で,日経 2・日経 1 の例 (表 1-3 で 5.8%) を参考にすると,表 1-6 の同日調査における読売と朝日の絶対内閣支持率の平均値差 7.9%のうちの約 6%は,「その他」率で説明が出来そうである。残りは約 2%だ。また,表 1-6 の読売と朝日

の絶対内閣不支持率の平均値差1.9%は，日経2・日経1の差（表1-3で4.1%）に対し，約2%少ない。つまり，「4-2から朝日調査が日経1と同等で，4-3から読売調査が日経2と同等」と仮定するとき，「その他」率の「行き先」約10%のうち，日経1から日経2の「行き先」に対して，朝日と読売とでは，約2%の「行き先」が異なることになる。ただし，平均値での話であり，標本誤差などの偶然に左右される要因やそれ以外の要因の影響もあり，同日調査での読売と朝日の絶対内閣支持率の差は，図1-7に示すように，平均値7.9%を中心に，標準偏差3.6%で分布している[9]。

5-4-2 読売とNHKの比較

読売とNHKの，表1-2・表1-1における期間全データにおける「その他・絶対・相対」の差は，−6.0%・4.3%・1.2%だった。いずれについても，NHKデータは，読売と朝日の中間にあった。ただし，期間全データで，NHKは，絶対内閣支持率では朝日に近いが，相対内閣支持率では読売に近い。

当該全期間で，同日調査の回数は，最多と1差のN=56である。表1-6の同日調査での「その他・絶対・相対」の差は，−6.3%・3.5%と0.1%で，期間全データのそれらとは，0.3%・0.8%・1.1%の違いで，少しだけ異なる結

図1-7　同日調査における絶対内閣支持率の差
読売と朝日（N=57）

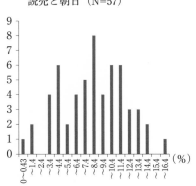

果だった。同日調査の平均値では，NHK は，絶対内閣支持率では朝日と読売の中間であるが，相対内閣支持率では読売にほぼ等しい。

　NHK の方が読売より「その他」率が高いので，絶対内閣支持率は読売の方が高くなる。特に期間3・期間4では，NHK と読売の「その他」率の差が大きくなったこともあり，絶対内閣支持率の差は，期間2よりも4%前後も大きくなっている。相対支持率の差の絶対値も上昇したが，同日調査全体の相対内閣支持率の平均値は，0.1%とほぼ一致した。

　朝日と NHK の同日調査（N=41）の「その他・絶対・相対」の平均値の差についても，表1-6に示した（2.6%・4.0%・-3.6%）。同日調査の朝日と NHK の平均値の差は，読売と朝日の差から，読売と NHK の差を引いた値（2.9%・3.9%・-3.6%）に近い値になっている。

5-5　朝日と毎日の比較

　朝日と毎日は，「その他」率が類似している。絶対内閣支持率や相対内閣支持率も，類似しているだろうか。表1-7を見ると，同日調査（N=40）の全期間における「その他・絶対・相対の差」は，1.2%・-1.5%・-0.8%だった。全体的に類似した結果になっている。ただし，表1-7を少し細かく見ると，

表1-6　同日調査における読売・朝日・NHK の比較

		読-朝 相対支持率	読-朝 絶対支持率	読-朝 絶対不支持率	読-朝 その他	読-N 相対支持率	読-N 絶対支持率	読-N 絶対不支持率	読-N その他	N-朝 相対支持率	N-朝 絶対支持率	N-朝 絶対不支持率	N-朝 その他
期間1	%	2.1%	3.5%	3.0%	-6.5%	-1.5%	-0.9%	2.8%	-2.0%	2.0%	2.5%	1.0%	-3.5%
	N	4	4	4	4	5	5	5	5	2	2	2	2
期間2	%	2.1%	6.3%	3.4%	-9.6%	-1.2%	1.4%	4.2%	-5.6%	3.3%	4.2%	-0.6%	-3.6%
	N	17	17	17	17	20	20	20	20	16	16	16	16
期間3	%	3.2%	9.9%	1.4%	-11.4%	1.7%	5.9%	0.9%	-6.8%	2.5%	4.8%	-0.3%	-4.5%
	N	17	17	17	17	18	18	18	18	11	11	11	11
期間4	%	3.7%	8.5%	0.9%	-9.4%	0.5%	5.0%	3.3%	-8.3%	1.9%	3.2%	-0.3%	-2.9%
	N	19	19	19	19	13	13	13	13	12	12	12	12
全期間	%	3.0%	7.9%	1.9%	-9.9%	0.1%	3.5%	2.8%	-6.3%	2.6%	4.0%	-0.3%	-3.6%
	N	57	57	57	57	56	56	56	56	41	41	41	41

民主党政権の時には，絶対支持率・相対支持率で，少し大きめの差（-3.9%・-3.5%）が出ている。

表1-7　同日調査における朝日と毎日の比較（N=40）

		朝-毎 相対 支持率	朝-毎 絶対 支持率	朝-毎 絶対 不支持率	朝-毎 その他
期間1	%	0.5%	1.0%	1.7%	-2.7%
	N	3	3	3	3
期間2	%	-3.5%	-3.9%	2.6%	1.3%
	N	10	10	10	10
期間3	%	-1.1%	-1.9%	0.1%	1.9%
	N	14	14	14	14
期間4	%	1.4%	0.3%	-1.7%	1.4%
	N	13	13	13	13
全期間	%	-0.8%	-1.5%	0.3%	1.2%
	N	40	40	40	40

6．固定-携帯ミックス調査の影響

　固定電話調査から固定-携帯ミックス調査への調査方法変化の影響の有無について言及する。2016年4月頃から，各メディアで，固定電話に加えて携帯電話調査を混合して使うミックス調査が，順次導入された。もちろん，それ以前に，研究調査がなされてからの使用開始である[10]。

　ミックス調査導入は，内閣支持率の値の出方やメディア間での値の差に影響を与えただろうか。今回の我々のデータの範囲内でも，期間3と期間4を比較することで，固定電話調査から固定-携帯ミックス調査への調査方法変化の影響の有無を，（ある程度までは）調べることが出来る。

　図1-1〜図1-3における期間3と期間4を比べると，朝日・NHK・読売は，ほぼ同様の傾きで下落している。日経（日経2）は他メディアと比べ，絶対支持率の下落が少し小さい。これに対し，毎日は，他メディアと比べ，絶対

支持率の下落が大きい。

　ミックス調査の導入により，小さな違いは見受けられるが，大きな違いはなさそうに思われる。今後の推移を見守りたい。

7．結論と提案

　はじめに，3つの問いを提起した。
　①　報道される内閣支持率が，メディア間で10％も異なったりするのは，なぜだろうか。
　②　そのようなメディアの内閣支持率調査は，どのくらい信頼できるのだろうか。
　③　どうすれば，メディア世論調査は信頼されるようになるのだろうか。
以下では，これらの問いに答えつつ，まとめる。

7-1　結　論

　（1）　①報道される内閣支持率が，メディア間で10％も異なったりするのは，なぜだろうか。

　1-1　内閣支持率として報道されるのは，「絶対内閣支持率」である。しかし，調査における「その他」率が，メディアの絶対内閣支持率に大きな影響を与える。「支持＋不支持＋その他」＝100％となるためである。
　1-2　「その他」率の違いは，1回聞きか2回聞きか，（あるいは，それらに相当する聞き方であるか否か，）によるところが大きい。今回の全期間の平均値で，「その他」率は，1回聞き（朝日・日経1）で約20％，2回聞き（読売・日経2）で約10％だった。（図1-4では，毎日・NHKは，1回聞きに近いようだ。）
　1-3　「その他」率が10％低ければ，「支持＋不支持」は10％高くなる。（読売と朝日の「同日調査」（N=57）の平均値で，読売は朝日より，「その他」率が9.9％低かったため，「絶対内閣支持率＋絶対内閣不支持率」は9.9％高かった。）

1-4　宮野（2019）で指摘したことだが，「同月調査」での比較は大きな差のもとになりうる。このため「同日調査」で比べるのがよい。

1-5　1）日経の2回聞きは，1回聞きよりも，平均値で，「その他」率は10.0％低く，「絶対内閣支持率」は5.8％高く，「絶対内閣不支持率」は4.1％高かった（N=109）。

2）日経と朝日の「同日調査」（N=22）では，絶対内閣支持率の差の平均値は，「日経1と朝日」（1回聞きどうし）で0.3％であった。これより，「日経2と朝日の絶対内閣支持率の公表数値の違い（「日経2と朝日」で6.4％）は，1回聞きと2回聞きの差のみで，大部分を説明できる」という仮説にいたった。

3）「読売と日経2」（2回聞きどうし）の「同日調査」（N=35）では，絶対内閣支持率の差の平均値は−0.2％であった。（ただし「読売と日経2」では，期間によって「その他」率の平均値に大きめの差があり，絶対内閣支持率の差も，期間によるばらつきがみられる。）

4）読売と朝日の「同日調査」（N=57）の平均値で，読売は朝日より，「絶対内閣支持率」は7.9％高かった。「朝日と日経2」の差よりも，差は1.5％大きいが，多くの部分は，「その他」率の差，あるいは1回聞きと2回聞きの差で説明できるのではなかろうか。

5）NHKは，朝日と読売の中間に来ることが少なくないが，相対内閣支持率は読売に近い。

6）毎日は，朝日に近いが，期間によって他のメディアと異なる動き方があり，他メディアとの比較が少し難しい。

(2)　②メディアの内閣支持率調査は，どのくらい信頼できるのだろうか

2-1　宮野（2009）で述べたように，調査方法が似ていれば，「同日調査」であれば，標本誤差の分を除いて，ほぼ等しい結果が得られるはずである。特に1回聞きどうし，2回聞きどうしで，近似した結果が得られるはずである。

　今回，「同日調査」の平均値で，1回聞きどうし（日経1と朝日），2回聞きどうし（日経2と読売）で，それぞれ，きわめて近い結果が得られた。「その他」率についても，絶対支持率・絶対不支持率についても，メディア間の平均値の差は，公表値の比較よりもずっと小さくなった。

　以上より，「1回聞きと2回聞きを区別する」・「同日調査」，という2点に留意して比べる限り，メディア内閣支持率調査は十分に信頼できるのではないか。

　2-2　あるいは，調べ方が異なる調査に，同じ「内閣支持率」という名前を付けていたために，信頼できないように見えてきたのではなかろうか。メディア間の比較をする側が，本来は比べるべきでないデータを比べていたとも言える。

　2-3　「1回聞きと2回聞き」を比較する場合には，「相対」内閣支持率を使うという方法がある。相対支持率は，「その他」率の違いを吸収しようとする試みであり，今回の検討の範囲内では，全期間の5社の相対内閣支持率の平均値のレンジが3.2％で，絶対内閣支持率の平均値のレンジ8.2％と比べ，十分に有効であった。

7-2　提　案
　③どうすれば，メディア世論調査は信頼されるようになるのだろうか

　内閣支持率は世論の関心が高く，内閣支持率調査に対する信頼性は，メディア世論調査に対する信頼性に大きな影響を与えうる。

　本研究で示した範囲では，内閣支持率調査は，メディア間での類似度という点では高い「信頼性」を持つ。しかし，現在のメディア各社の内閣支持率調査の提示には統一的配慮がなく，メディア間での相違が著しいように見えてしまいやすい。意図せざる結果として，世論調査の信頼性を損ねることになってはいないだろうか。解決が難しい問題も含まれるだろうが，試みるに値すると思われるアイデアを，いくつか示す。

（1） メディアの工夫による解決可能性

　内閣支持率については，1-①「各メディアが，2回聞きを行い，1回聞き
と2回聞きの両者の結果を，公開する」，あるいは，1-②「2回聞きを行って
いるメディアは，1回聞きの結果も，何らかの形（たとえばWebのみ）で公開
する」ことを提案する。少なくとも，1-③「1回聞きなのか，2回聞きなのか
を明らかにする」ことである。

（2） 比べ方による解決可能性

　メディア間の内閣支持率を比べるときは，2-①「「同日調査」であるか否
か」，2-②「1回聞きどうし，2回聞きどうし，であるか否か」，2-③「「その
他」率がほぼ等しいか否か」，を明示すること，そしてなるべく2-①〜③の条
件が満たされるケースを比べること，を提案する。この場合，「相対支持率」
ではなく，「絶対支持率」で比べてもよいかもしれない。

　これに対し，2-①を満たせない場合は，時点の違いによる変化の可能性を
指摘すべきだし，2-②③を満たせない場合は，相対内閣支持率を併用するこ
とを勧めたい。

（3） 配慮が望まれる諸問題

　メディア世論調査の信頼性を高めるためには，内閣支持率調査の「信頼性」
のみでは足りない。調査全般の注意点ではあるが，メディアの調査においても
配慮が望まれる点を，3点だけ指摘しておく。3-①質問文，3-②分析と枠付
け，3-③回収率を含めた調査方法，の問題，である。

　3-①質問紙調査においては，質問文に偏りや思い込みがあると見える場合
や，キャリーオーヴァー効果が生じていると思われる場合，などが生じる。常
に配慮すべき問題であり，結果の解釈に際しても注意が必要になる。

　3-②支持率なども含め，報道の仕方（セレクション＝選択と，フレーミング＝枠
付け）が問題になりうる。世論調査自体は科学的になされたとしても，それを
どのように分析するか，報道するかによって，バイアスが入ってくる。

　3-③回収率を含めた調査方法は完成段階にはない。電話調査の導入・回収率の低下などにより，有権者全体などの母集団からの「ズレ」が大きくなっていないかなど，注視し続ける必要がある。

　1）三春：2019（6 月刊行）では，宮野：2009・宮野：2019（2 月発行）は参照されていないと思われる。
　2）「2 回聞き」は「重ね聞き」とも言われる。たとえば，読売（読売新聞 HP「報道各社の内閣支持率，なぜ違う？」https://topics.smt.docomo.ne.jp/article/yomiuri/politics/20200921-567-OYT1T50108　2020 年 9 月 27 日閲覧）は，「読売の場合，内閣支持の質問で，あいまいな回答をした対象者には，「どちらかといえば，支持しますか，支持しませんか」と 1 回だけ重ね聞きするルールを，歴代内閣の電話調査で一貫して採用している。」としている。
　3）それぞれのデータの出所を，宮野（2019：58 頁の注 12）で示したものと同様である。NHK は世論調査研究所のホームページのデータ（2020 年 3 月までは，「政治意識月例調査」https://www.nhk.or.jp/bunken/research/yoron/political/2020.html 2020 年 4 月以降は，「NHK 選挙 WEB」https://www.nhk.or.jp/senkyo/shijiritsu/，毎日は「毎策」の「世論調査」を用いた。朝日・読売は，「聞蔵 II」「ヨミダス」で記事検索し，手入力した。日経は，2018 年 8 月分までは，宮野（2019）のために「日経テレコン」とホームページ「日経世論調査アーカイブ」とを併用して収集していたデータを用い，その後の期間は，「日経テレコン」で検索し，手入力した。なお，実施が遅かった朝日・日経の 2020 年 8 月分は分析に入っていない。
　4）ミックス調査は，メディアによって導入時期が異なる。読売は 2016 年 4 月から，日経は 2016 年 5 月から，朝日は 2016 年 7 月から，NHK は 2017 年 4 月からと思われる。毎日は 2016 年以降も電話調査を続け，2020 年 4 月から独自の調査方法を採用したようだ。この期間の比較は注意が必要になる。
　5）日経の 1 回聞きデータは，期間 4-1 以降も入手可能であるが，今回は使用していない。後掲注 7 も参照のこと。
　6）この点については，報告されている数値をそのまま使う方が自然かもしれない。ただし，その場合には，支持・不支持・その他の合計が 100％にならないことが起きる。今回の分析では，大きな影響はないと判断し，理解しやすさの観点から，100％から「支持・不支持」を引いた分を「その他」とした。
　7）日経の「日経世論調査アーカイブ」は，2018 年夏頃まで無料公開されており，それを用いた。その後，有料会員限定になったと思われ，また筆者は「日経テレコン」では「1 回聞き」の情報を見つけることが出来ず，2018 年 9 月以降については，参照を見送った。
　8）紙面では整数値で示されているが，メディア間で比較可能性を高めるためには，内閣支持率の結果などは小数点以下 1 位まで公表するのがよい。紙面などで公表する必要はなく，ネットにデータサイトを設けて示しておくなど難しいだろうか。

9) 簡略化して述べると，この 11 年余りの同日調査において，読売と朝日の絶対内
　閣支持率の差は，8％を中心に，±8％以内に分布していた。

10) ミックス調査については，たとえば，『よろん』（2018）40-67 頁，を参照された
　い。

参 考 文 献

穴澤大敬（2018）「アンケート調査に関する意識について」中央調査報　No.701
　http://www.crs.or.jp/backno/No701/7011.htm　（2018 年 10 月 16 日閲覧）

岩本裕（2015）『世論調査とは何だろうか』岩波新書 1546。

菅原琢（2011）「世論調査は機能しているのか？―「民意」解釈競争と現代日本政
　治の迷走」日本世論調査協会報「よろん」2011 年 107 巻 25-33。DOIhttps://doi.
　org/10.18969/yoron.107.0_25

原美和子・中野佐知子（2016）「世論調査で探る「世論」と「世論調査」」放送研究
　と調査 2016 年 2 月，48-65 頁。

三春充希（2019）『武器としての世論調査―社会をとらえ，未来を変える』ちくま
　新書 1414。

宮野勝（2009）「『相対』政党支持率と『相対』内閣支持率の安定性についての試論：
　マスコミの世論調査の信頼性」『中央大学社会科学研究所年報』13：97-114。
　（「「相対」政党支持率と「相対」内閣支持率の安定性について―マスコミの世論
　調査の信頼性」安野智子編（2016）『民意と社会』中央大学出版部，第 1 章 1-23
　頁に，微修正して収録）

宮野勝（2019）「「相対」内閣支持率とマスメディア世論調査の信頼性―2 回の政権
　党交代を挟む 2009-2013 年の分析」中央大学文学部紀要社会学・社会情報学 29：
　41-59。

『よろん』（2018）「シンポジウム　世論調査の現状―携帯・固定ミックス RDD を総
　括する」40-67。

第 2 章

日本の女性の政治関心が低いのはなぜか
──ライフコースや職種・学歴に着目した実証分析──

寺村 絵里子

1．はじめに

　本章は，なぜ日本の女性の政治関心が男性よりも低いのかを明らかにするために，個人のライフコースや職種に着目して比較分析を行うことを目的とする。ここで多くの先行研究に加え着目したいのは，政治関心のジェンダー格差の検証である。政治に関し，実際の投票行動（投票率）[1] については男女差がほとんどないことがわかっている。しかし，他の政治参加形態は女性は男性にくらべ顕著に低い水準を示し（山田（2007）），様々な意識調査を行うと，男性よりも女性の方が政治関心が低いことが明らかになっている（増山（2007）他）。

　なぜ，日本の女性は投票には行くのに政治関心が低いのだろうか。世界各国の男女平等度合いを表す「ジェンダー・ギャップ指数」[2] は，政府が女性活躍推進をうたい，様々な法制度 [3] や政策を整備しているにもかかわらず，2020年報告書では154カ国中121位と過去最低の順位を記録した。ランキングを下げた最も大きな理由は「政治」の分野であり，154カ国中144位という低さである [4]。また，政治分野の順位は2006年では83位であったことから，この15年弱で女性の政治参画が他の国と比べてむしろ後退したと評価されていることになる。

　同調査を実施した世界経済フォーラム（WEF）の報告書からは，日本の女性

の政治参画が遅れたというよりは，世界各国で女性の政治参画が拡大したことが一因であるとも読み取れる。では，なぜ世界的に女性の政治参画が進んだにもかかわらず，日本では女性の政治参画が進まなかったのだろうか。その理由は明確で，三浦・衛藤（2014）によれば世界各国で政治分野におけるジェンダー・クオータの導入が進んだ一方，日本で同制度が導入されていないためである。同調査の政治分野の評価項目は「女性議員割合」「閣僚の地位にいる女性」「過去50年に女性の国家元首がいた年数」の3項目であり，いずれも極めて低い順位にある。日本ではジェンダー・クオータのような積極的差別是正策にはやや消極的であり（相内（2007）），制度導入に至るにはまだ多くの時間がかかると思われるが，仮に制度導入がなされたとして女性の政治関心が低いままでは女性のリーダーは生まれないだろう。

　そこで本章では個人を調査したミクロデータを用い，女性の政治関心が男性より低いのはなぜかを明らかにするために，個人属性やライフコース・職種等に着目して比較検証を行うこととする。次節では日本における女性の政治参加の現状を公的統計と先行研究をもとにまとめ，3節では使用データの説明と政治関心・投票意向と個人属性の関係を記述分析で検証する。4節は政治関心・投票意向の決定要因の分析であり，5節はまとめ・考察である。

2．日本における女性の政治参加の現状

2-1　日本における女性の政治参加の現状

　本節では，公的統計を用いて日本における女性の政治参加の現状を検証する。図2-1は，国会議員に占める女性割合の国際比較である（内閣府（2019））。2019年における日本の国会議員に占める女性割合は10.2％であり，他の先進諸国に比べ大幅に低い割合となっており，時系列にみてもその伸び率は鈍い。

　一方，他の先進諸国の国会議員に占める女性割合の伸びは著しい。内閣府（2019）では，このうち1980年代には日本と大きな差がなかった国のうち，フランス（2019年に39.7％）とイギリス（同32.0％）を取り上げ，なぜ両国が女

性の国会議員比率を高めることに成功したかを検証している。その要因として
は，ジェンダー・クオータだけではなく1. 女性議員を増やすという「政治意
志」[5]，2. 候補者選定過程の透明化，3. 議員養成トレーニングの実施，4. 女
性の声の党内組織への反映[6]，5. 議員の働き方改革を進める，6. 政治分野の
ハラスメント・暴力の撤廃，7. 自己点検・モニタリング，8. 政党助成金の在
り方，等の項目によりいわば「意図的に」女性議員を増やす取り組みを行って
いることがわかる。

　これらの取り組みの中には，ジェンダー・クオータの前段階として日本でも
取り入れることが可能な施策も複数含まれており，日本の女性の政治参加を促
す施策として参考になる。また，諸外国においてもある程度の恣意性をもって
女性の議員割合を高める取り組みを行ってきたことがわかる。

　次いで，衆議院議員総選挙・参議院議員通常選挙における女性の候補者割合
及び当選者の推移[7]をみたものが図2-2である。この図からわかることとし
て，国会議員の候補者割合に占める女性割合は衆議院・参議院ともに増加して
おり，特に平成以降の増加幅が大きい。これに対し，当選者に占める女性割合
は候補者に占める女性割合よりも低く推移しており，立候補しても当選時にさ
らにジェンダー・ギャップがあることがうかがえる。日本でも，女性の政治参

図2-1　国会議員に占める女性割合の国際比較

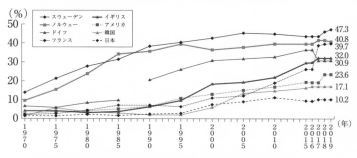

1. 列国議会同盟資料より作成。調査対象国は2019年2月現在193カ国。
2. 一院制又は下院における女性議員割合。

（出所）内閣府男女共同参画局（2019）『共同参画』

図2-2　国会議員選挙における候補者・当選者に占める女性割合の推移

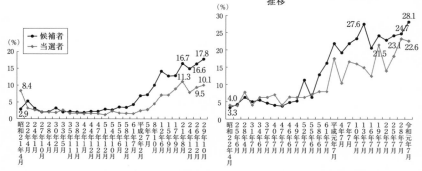

2-2-1　衆議院議員総選挙における候補者，当選者に占める女性の割合の推移

2-2-2　参議院議員通常選挙における候補者，当選者に占める女性の割合の推移

（引用）内閣府男女共同参画局（2020）『令和2年版男女共同参画白書（概要）』

画は進みつつあるものの，他の諸外国のような強制力を持った施策が整備されていないために，女性の参画割合が十分には進んでいないことがわかる。

さらに，次節で用いるデータ分析期間（2007-2015年）に実施された選挙と投票行動の特徴をみたものが表2-1である。データ分析期間における国政選挙は6回（衆院3回，参院3回）行われているが，女性立候補者割合・当選者割合には明確な変化はみられない。また，投票率についてみると，男性の方がわずかに女性よりも投票率が高いものの，両者に大きな差があるわけではない。投票行動についてはジェンダー・ギャップが小さいことがわかる。

表2-1　データ分析期間における選挙と投票行動

年月日	選挙名	女性立候補者割合	女性当選者割合	内閣	男性投票率	女性投票率	天気	主な争点
2007. 7. 29	第21回参議院議員通常選挙	24. 1	17. 4	安倍	58. 9	58. 4	雨	年金問題，政治とカネ
2009. 8. 30	第45回衆議院議員総選挙	16. 7	11. 3	麻生	69. 5	69. 1	雨	政権選択，マニフェスト
2010. 7. 11	第22回参議院議員通常選挙	22. 9	18. 2	菅	58. 4	57. 5	雨	消費税引き上げ，景気，雇用，年金，介護
2012. 12. 16	第46回衆議院議員総選挙	15. 0	7. 9	野田	60. 1	58. 6	晴	医療・介護，震災復興，景気対策，年金
2013. 7. 21	第23回参議院議員通常選挙	24. 2	16. 1	安倍	53. 5	51. 8	晴	憲法改正，ねじれ解消，景気，年金，医療・介護
2014. 12. 14	第47回衆議院議員総選挙	16. 6	9. 5	安倍	54. 1	53. 3	晴	消費税引き上げ，経済政策

（出所）総務省（2019）『目で見る投票率』他より筆者作成。

　これらのことからわかることとして，女性は男性と同じように投票行動を行っており，議員への立候補・当選者の女性比率もわずかずつではあるが増加傾向にある。それでは，なぜ意識調査を行うと女性の政治関心は低いのだろうか。次節では，政治関心に関する設問を備えたミクロデータを用いて，どのような属性を持つ女性が政治関心を持っているのかについて検証する。

2-2　女性の政治参加・政治関心に関する先行研究

　政治学・社会学の分野では，社会階層と政治参加・政治関心に関する研究蓄積が数多く残されている。同分野において，社会階層の代理変数として主に用いられるのが学歴や収入，職業等の変数であるが，本稿で着目するジェンダー要因[8]も分析対象となっている。一方，井出（2011）のレビューのように，社会階層と政治意識を論じるにあたり，ジェンダーや国際比較といった視点が比較的少ないこともまた指摘されている。本節では，多くの先行研究の一部になるが，本章の問題意識に近い先行研究を選定しまとめることとする。

　原（1993）は 1955-1985 年の「社会階層と社会移動全国調査」SSM 調査を用い，女性の政治的態度を分析した。その結果，年齢層別にみた政党支持率には男女差は確認できなかったことに加え，女性の政治に関する態度を規定する要因はいわゆる性別役割意識にある，と指摘している。宮野（2000）は同じく 1955-1991 年の SSM 調査を用い，職業・産業と政党支持の関係を検証した。その結果，自民党支持が高い職業として販売・管理・農林といった職業を挙げ，これに対し専門職の政権党支持率が低い点が日本の特色であると指摘している。さらに産業の影響も大きく，農業・金融保険業・医療福祉業・不動産業・建設業・卸小売飲食業・他サービス業といった産業で自民党支持率が高いことを示している。

　さらに，人々の行動を類型化し，政治意識・行動との関連をみた興味深い研究もある。飽戸（1994）は，日本人の価値・ライフスタイルを七つの類型にわけ，それぞれの政治意識・行動との関連を検証した。その中で，政治関心がもっと高い層は伝統・出世志向型，次いでエグゼクティブ型であることが示さ

れている。小林（2000）は政治イデオロギーを４つに類型化し，それぞれに属する個人属性の特徴を分析した結果，女性が多く含まれる層は支持政党がなく，政治参加志向が弱い「政治的疎外層」に偏って多く存在することを示した。さらに小林（2002）では，政治意識の分類において女性は自立孤立類型が多いという結論を得ている。自律的に政治参加すべきと考えながら，連帯の不足により政治活動に積極的ではない人が多く存在する，と指摘している。近年では，境家（2013）が，2000年代以降においては教育程度が高い層ほど投票参加行動が高まっていることを指摘している。

　このように，政治関心と個人属性の関係については，様々な視点から多くの検証が行われてきた。その中で，本稿で着目する日本における女性の政治関心の低さもすでに多くの先行研究で検証されている。もっとも，女性の政治関心の低さは日本特有の現象ではなく，世界各国で同様の傾向がみられることが多くの実証研究で明らかになっている（Inglehart and Norris（2003）等）。Inglehart and Norris（2003）は，産業化に伴う女性の社会参加の進展とともに女性と男性の役割変化が進むと考えられているが，いまだ過半数の国では女性の政治参加が進んでいないとする。その理由として文化的，制度的，構造的要因を挙げ，伝統的なジェンダーに対する役割・態度が女性参画の度合に影響を及ぼすことを実証している。Holman and Schneider（2016）によれば，アメリカでも政治の分野は男性優位であり，その要因として女性の政治への適合の欠如は自己責任であるという主張を女性が内面化すると，長期的には女性が政治に無関心になる可能性があると指摘している。また，この傾向が人種によっても異なり，白人女性・アジア人女性はこの傾向がみられるが，黒人女性には見られないことを実証した。Preece and Stoddard（2015）による２つの異なるグループによる自然実験による実証研究の結果からは，政治活動が活発で競争的な環境に女性が属すると，女性の政治職への関心に強い負の影響を与えるが，男性には影響を与えないため，リーダーシップの野心における性差を大幅に拡大することが明らかとなった。Morgan et. al（2008）はドミニカ共和国のデータを用い，クオータ制導入だけでなく女性の政治参加には社会構造的要因が大き

く，特に年齢と教育が大きな影響を与えることを示した。特に男性は加齢とともに政治参加が高まることに対し女性にその傾向がないこと，政治的関心のジェンダー・ギャップを埋めるには市民活動やリーダー層のメッセージが有効であることを指摘した。

　このように，女性の政治参画の問題は日本だけではなく，諸外国でも同じ課題に直面している。その中で女性の政治参加の鍵を握る制度としてはクオータ制があり，三浦・衛藤（2014）では諸外国で導入が進む同制度を日本で導入するためにはどのような要件が必要かを検証している。諸外国の事例から，政党型クオータよりも法律型クオータの導入が望ましく，ジェンダー・クオータの成立要件としては女性運動，政治エリートの戦略的判断，国際圧力，政治文化と規範，等いくつかの要件が満たされる必要があると指摘している。また三浦（2016）[9] では，婦人参政権が実現した戦後初の 1946 年総選挙では世界的にも高い女性議員比率であったことが記されている。さらに，1995 年の第 4 回世界女性会議（北京会議）を機に世界的に女性議員が急増する潮流が生まれたが，日本はこの流れから完全に取り残されたことが示されている。女性議員比率が伸び悩んだ理由としては選挙制度改革をはじめ選挙活動におけるジェンダー・バイアス，時代環境などが挙げられている。国政だけでなく地方政治においても同様の傾向があり，男女間の能力・資質の性差というよりも固定的なジェンダー観やフォロワーの不在，エンパワーメントの不足による部分が大きいことが指摘されている（大山・国広（2010））。

　一方，大海（2005）が指摘するように日本の政治参加における男女格差に直截的に注目した研究は必ずしも多くはなく，さらにジェンダー学においても女性の政治参加が必ずしも注目をあびてこなかった。この背景として社会的に構築された「目に見えない権力構造」が存在し，ジェンダーが女性を政治社会の外に位置付けたと指摘している。その中で，日本の女性の政治参加に関するミクロデータを用いた分析もいくつか存在する。山田（2007）は，Verba et al.（1995）による理論を背景とし，政治参加における男女差の説明に資源仮説，政治的指向仮説，リクルートメント仮説の 3 つを提示し，うち資源仮説，政治

的指向仮説の検証を行った。その結果によれば，資源仮説については女性は男性よりも市民的技能の行使を持たず，またこの背景にある教育におけるジェンダー・ギャップが有意に存在することを示している。さらに政治的指向仮説についても，女性は男性よりも政治関心が低いという結論を得た。さらに増山（2007）によれば，政治家志望の男女差について「非常になりたい」と回答した者が男性が9.4％であるのに対し女性は2.9％，「絶対なりたくない」が男性41.7％であるのに対し女性は59.8％と大きな差があることを指摘している。武田（2010）は政治的関与を表す指標として「政治的関心」「有効性感覚」「参加志向」に着目し，ジェンダー別に政治参加の決定要因を推計した。その結果，いずれの変数も就業と政治的関与が間接的に影響しており，仕事を通して得られる政治的資源（市民的スキル）に接する機会の少なさがジェンダー・ギャップを生むことを指摘している。

　このように，女性の政治参加だけでなく，その背景にある政治関心の低さについても多くの研究が行われている。ただし宮野（2019）のように，質問紙による計測方法やその分析手法によっては，政治関心のジェンダー格差がある，と結論付けることに対し慎重に対応すべきであるとの研究もある。その中で本章の独自性・貢献としては，ある年代を継続調査した2時点のデータを用いて政治関心・投票意向の変化をとらえることにより，ライフコースや就業との関連を明らかにすることにある。この点については次節以降で検証することとする。

3．使用データおよび政治関心・投票意向と個人属性

3-1　使用データ

　本章の分析に使用するデータは東京大学社会科学研究所（以下東大社研）パネル調査プロジェクトが実施した『東大社研・壮年パネル調査（JLPS-M）Wave 1-9, 2007-2015』である。政治に関する項目としては政治関心，支持政党，政党に関す感情温度，投票意向などがある。同調査は東大社研が実施し

ている「働き方とライフスタイルの変化に関する全国調査」(Japanese Life
Course Panel Surveys – JLPS) の 4 つのパネルデータのうちの 1 つであり，
1966 年から 1971 年に生まれたコーホートを追跡調査したデータとなっている。
年代としては，第 1 回調査では 36 ～ 41 歳，第 9 回調査では 44 ～ 49 歳のコー
ホートとなる。2007 年 1 月に始められた JLPS-Y と JLPS-M は，職業，家族，
教育，意識（政治的態度を含む），健康など，網羅的な質問項目を含んでおり，
日本では数少ない大規模パネル調査の 1 つである（東大社研（2020））。本節では
このうち第 1 回調査の 2007 年，第 9 回調査の 2015 年の 2 時点のデータをそれ
ぞれ使用する。

　調査対象は日本全国に居住する 35 ～ 40 歳の男女（2006 年 12 月時点）であり，
標本抽出は層化 2 段無作為抽出を用いている。調査方法は調査票による郵送配
布・訪問回収法である。サンプルサイズは初年度の 2007 年調査は 1,433（回収
率 40.4%）であり，直近の 2015 年度調査は 974（回収率 88.0%）となっている。

3-2　ライフコースと政治関心・投票意向

　本節では，政治関心・投票意向とライフコースの関係について検証する。な
お，ここでは最も直近の第 9 回調査（2015 年）のデータ [10] を用いて記述分析
を行う。まず，男女別にみた政治関心については最も関心が高い「つねに関心
を払っている」が男性では 25.8%，女性が 9.6% と大きな差が確認できる。
これに対し，最も関心が低い「ほとんど関心を払っていない」が男性は 7.5%，
女性は 13.5% と対照的な結果となっている。本データにおいても，女性の関
心が男性よりも低いことが確認できる。

　次いで，政治関心の項目 [11] について男女別に確認したい。図 2-3 は男女別
にみた政治関心の比較である。男性が女性よりもスコアが高かった項目は「日
本は防衛力を強化すべき」（男性 3.44，女性 3.07）「日米安保体制は強化すべき」
（男性 3.24，女性 3.03）であり，いずれも t 検定の結果男女間で統計的に有意な
差が確認された。これに対し，女性が男性よりもスコアが高かった項目は「所
得格差を縮めるのは政府の責任」（男性 3.31，女性 3.53）「公共事業による地方

の雇用確保は必要」（男性 3.42, 女性 3.66）「社会保障は財政が苦しくても充実すべき」（男性 3.61, 女性 3.74）であり，これらについてもいずれも男女間で統計的に有意な差が確認された。このように，男女間で政治関心には濃淡があり，防衛・外交関連の項目は男性のスコアがより高く，社会保障・雇用等の項目は女性のスコアがより高いことがわかる。これは，男女で政治関心は異なり男性は外交や行財政関連の問題を重視し，女性は社会保障，高齢社会対策，雇用・労働問題等を重視すると指摘する，大山（2016）と同様の結果となっている。

さらに支持政党についても男女別に確認すると，支持政党が「自民党」である者の割合は男性が 30.7％，女性が 19.0％と大きな差がある。次いで多い「民主党」は男性が 5.1％，女性が 4.6％と自民党と比べ大きく割合が低下する。最も多いのは「支持政党なし」で男性が 45.3％，女性が 50.8％にのぼり，浮動票が多いことがうかがえる。

図 2-3　男女別にみた政治関心

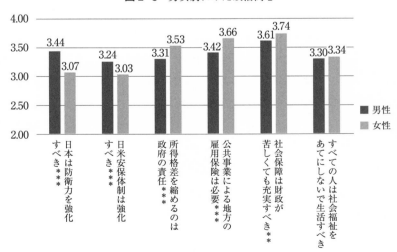

（注）＊＊＊：1％水準で有意（両側検定），＊＊：5％水準で有意
（出所）東大 SSJ（2015）「東大壮年パネル」より筆者作成。以下の図表も同様。

　次に，ライフコースと政治関心を男女別にみたものが図 2-4 である。なお，以下の記述分析については二変数間の相関を見るものであり，その他の変数が間接的に影響を与えている可能性がある。この点については次節の実証分析で検証を行いたい。設問は「あなたは政治上の出来事にどれくらい関心を払っていますか」に対し「つねに関心を払っている」を 4，「ほとんど関心を払っていない」を 1 とする 4 段階の尺度変数である。ここで興味深いのは，男女ともに未婚者の政治関心が既婚者よりも低いこと，子どもありが子どもなしよりもわずかに政治関心スコアが上昇することである。ただし，子どもありと子どもなしの属性間のスコアの差は小さい。女性についてより詳しくみると，男性ほどには結婚がスコアの上昇には結びついていないことがうかがえる。

図 2-4　ライフコースと政治関心（男女別）

	既婚	未婚	離死別	子どもあり	子どもなし
男性	2.91	2.82	2.94	2.90	2.88
女性	2.45	2.42	2.53	2.46	2.42

　ライフコースと投票意向についてみたものが図 2-5 である。設問は「近日中に衆議院選挙が行われる，と仮定して投票に行くと思いますか。それとも行かないと思いますか。」に対し「投票に行く」を 5，「投票にいかない」を 1 とする 5 段階の尺度変数である。図 2-5 をみると，政治関心同様に投票意向についても男女ともに既婚の方が未婚者よりも投票意向が高く，わずかであるが子どもありが子どもなしよりも政治関心スコアが上昇する。政治関心と投票意向は同じような動きを示していることがわかる。

図 2-5　ライフコースと投票意向（男女別）

	既婚	未婚	離死別	子どもあり	子どもなし
男性	4.13	4.00	4.00	4.11	4.07
女性	4.06	3.88	4.05	4.03	4.01

　さらに本データがパネルデータであるという特性を生かし，第1回調査（2007年）から第9回調査（2015年）にかけてライフコースの変化（未婚から既婚に変化）があった者の2015年時点の政治関心・投票意向を確認した。男性票は23，女性票は12あり，サンプルサイズに限りはあるが，政治関心スコアが男性が3.08，女性が同2.83，投票意向スコアが男性4.48，女性4.33と既婚者のサンプル平均よりも高い値となった。同じくライフコースの変化（子どもなしから子どもありに変化）についても確認したところ男性票は24，女性票は20あり，政治関心スコアが男性が3.08，女性が同2.80，投票意向スコアが男性4.38，女性4.40と子どもありのサンプル平均よりも高い値となった。

3-3　職業と政治関心・投票意向の関係

　次いで，職業と政治関心・投票意向の関係[12]について確認したい。図2-6は，男女別にみた職業別の政治関心スコアである。男女ともに関心が高いのは「管理職」であり男性3.12，女性2.82である。管理職，専門・技術職，事務職の順に政治関心が高いことがわかる。また，管理職を除くその他の職種についてはスコアの男女差も大きい。

図2-6　職業別にみた政治関心（男女別）

	専門職・技術職	管理職	事務職	販売職	サービス職
男性	3.09	3.12	3.08	2.79	2.81
女性	2.62	2.82	2.55	2.22	2.28

	生産・技能職	運輸・保安職	その他	無業	
男性	2.69	2.44	2.82	2.60	
女性	2.27	2.00	2.27	2.50	

　図2-7は，職業別・男女別にみた投票意向である。スコアの高い職業の順にみると，男性は事務職（スコア4.51），管理職，専門・技術職となっており，女性は管理職（スコア4.55），事務職，専門・技術職となっている。図2-6の結果と照らし合わせると，事務職が政治関心にくらべ，投票意向が高く出てお

り，両者のギャップがあらわれている職種といえる。さらに，販売職，サービス職，生産・技能職，運輸・保安職といった職種や仕事を持たない人（無業）はスコアが低めになっている。

図2-7　職業別にみた投票意向（男女別）

	専門職・技術職	管理職	事務職	販売職	サービス職
男性	4.49	4.49	4.51	3.74	3.67
女性	4.04	4.55	4.30	3.84	3.83
	生産・技能職	運輸・保安職	その他	無業	
男性	3.81	3.38	4.09	3.10	
女性	3.73	3.75	3.96	3.91	

3-4　学歴と政治関心・投票意向の関係

　先行研究からは，政治参画について学歴の重要性が指摘されている。特に，教育年数のジェンダー間の違いが，政治関心に影響を与えているとの研究結果もある（Morgan et. al（2008）他）。図2-8は，学歴別・男女別の政治関心スコアである。男性・女性ともに学歴が高くなるほど政治関心のスコアが高くなっていることがわかる。

図2-8　学歴別にみた政治関心（男女別）

	中学校	高等学校	専門学校
男性	2.11	2.72	2.68
女性	2.00	2.28	2.34
	短大・高専	大学	大学院
男性	3.06	3.14	3.00
女性	2.60	2.74	3.08

　図2-9は，学歴別・男女別にみた投票意向である。ここでも，学歴が高くなるほど投票意向のスコアも高くなっており，両者の間には正の関係が読み取れる。特に，大学・大学院卒の場合はスコアが大きく上がっており，政治活動

と学歴の間には何らかの相関があることがうかがえる。

図2-9　学歴別にみた投票意向（男女別）

	中学校	高等学校	専門学校
男性	3.00	3.87	3.95
女性	4.17	3.95	3.79
	短大・高専	大学	大学院
男性	4.06	4.35	4.68
女性	4.04	4.51	4.50

　そこで次節では，政治関心や投票意向に影響を与える要因はどのようなものかを検証するために，同データを用いた実証分析を行うこととする。

4．実証分析

4-1　分析モデル

　前節の記述分析から得られた結果として，ライフコースと政治関心・投票意向の関係はほぼ同様の動きを示し，未婚者の政治関心が既婚者よりも低いこと，子どもを持つとわずかにスコアが上がることが示された。一方，職業と政治関心・投票意向の関係はやや異なり，政治関心のスコアが高い職業と投票意向のスコアが高い職業にわずかながら違いが見られた。具体的には政治関心は多職種にくらべ管理職が高く，投票意向は同じく管理職が高いものの，事務職も高いスコアを示していた。学歴についてみると，男女ともに学歴が高くなるほど政治関心，投票意向ともに高まり，学歴と政治活動の正の関係が示された。さらに，調査期間中に結婚・出産を経験した者のスコアはそうでない者よりも2015年調査時点において高い傾向にあった。

　これらの傾向が，他の要因を考慮してもなお残るものか，実証分析を通じて検証したい。推計式は（1）及び（2）式であり，被説明変数のP_iは政治関心，V_iは投票意向を指し，iは個人を示す。推計方法は被説明変数の政治関心・投

票意向ともに順序変数であることから，順序プロビットモデルを用いて推計する。

$$P_i = a + b_1 M_i + b_2 C_i + b_3 O_i + b_4 W_i + b_5 E_i + \varepsilon_i \qquad (1)$$

$$V_i = a + b_1 M_i + b_2 C_i + b_3 O_i + b_4 W_i + b_5 E_i + \varepsilon_i \qquad (2)$$

　説明変数に用いる変数は表 2-2 の通りである。前節にて確認した既婚・未婚ダミー（M），子どもダミー（C），職業ダミー（W），学歴ダミー（E）を用いる。W_i は個人属性であり，年齢，就業形態ダミー，企業規模ダミー，年収（カテゴリー）を用いている。ε_i は誤差項である。

表 2-2　使用する変数一覧 [13]

使用変数	設　問
政治関心	4. 常に関心を払っている，3. ときどき関心を払っている，2. たまに関心を払っている，1. ほとんど関心を払っていない
投票意向	5. 投票に行く，4. たぶん投票に行く，3. 投票に行くかもしれないし行かないかもしれない，2. たぶん投票に行かない，1. 投票に行かない
職種ダミー	1. 専門職・技術職，2. 管理職，3. 事務職，4. 販売職，5. サービス職，6. 生産・技能職，7. 運輸・保安職，8. その他
学歴ダミー	1. 中学校，2. 高等学校，3. 専門学校，4. 短大・高専，5. 大学，6. 大学院，7. わからない
既婚・未婚ダミー	1. 既婚，2. 未婚，3. 離死別
子どもダミー	1. いる，2. いない
年齢	実数
就業形態ダミー	1. 経営者・役員，2. 正社員，3. パート・アルバイト・契約社員，4. 派遣社員，5. 請負，6. 自営業，7. 家族従業，8. 内職，9. その他
企業規模ダミー	1. 1 人，2. 2-4 人，3. 5-9 人，4. 10-29 人，5. 30-99 人，6. 100-299 人，7. 300-999 人，8. 1000 人以上，9. 官公庁，10. わからない
年収	1. 年収なし，2. 25 万円未満，3. 25-75 万円未満，4. 75-150 万円未満，5. 150-250 万円未満，6. 250-350 万円未満，7. 350-450 万円未満，8. 450-600 万円未満，9. 600-850 万円未満，10. 850-1250 万円未満，11. 1250-1750 万円未満，12. 1750-2250 万円未満，13. 2250 万円以上，14. わからない

　最も着目したい変数は推計式（1）における既婚・未婚ダミー，子どもダミー，職業ダミー，学歴ダミーの 4 つの変数である。予想される結果の符号は前節の結果から既婚および子どもありが正，職業については（1）式が管理職，専門・技術職が正，（2）式については管理職，事務職が正である。学歴については（1）（2）式ともに高学歴であるほど正の符号と予想する。

4-2 推計結果

4-2-1 政治関心の決定要因の推計

前節の (1) 式で示した, 政治関心の決定要因の推計結果が図 2-10 である。model1 が 2007 年データの男性票, model2 が 2015 年データの女性票, model3 が 2007 年データの女性票, model4 が 2015 年データの女性票である。分析結果からわかることは次の通りである。女性票の model3 及び model4 に着目すると, 婚姻状況や子供の有無といったライフコース要因は統計的に有意な影響は見られず, 職業及び学歴が有意に政治関心に影響を与えている。具体的には女性は専門職・技術職よりも販売, サービス, 生産技能職といった職業で有意に政治関心が低く。男性は専門職・技術職よりも生産技能職, 運輸保安職といった職業で同様の傾向がみられる。また, 職業については二時点を比較すると男女ともに大きな変化はない。さらに学歴についてみると, 女性・男性ともに大学・大学院卒である場合に大きく政治関心が高まっており, 統計的にも有意な値となっている。また二時点を比較すると, 学歴については 2007 年よりも 2015 年の方が政治関心について学歴間の差が大きくなっている。

推計結果の予想と照らし合わせると, ライフコース要因についてはいずれも予想に反する結果となったが, 職業要因及び学歴については概ね予想通りの結果となった。

4-2-2 投票意向の決定要因の推計

次に, 前節の (2) 式で示した投票意向の決定要因の推計結果が図 2-11 である。投票意向の設問は 2007 年データには存在しないため, model5 が 2007 年データの男性票, model6 が 2015 年データの女性票の結果である。分析の結果, ここでも政治関心と同様にライフコース要因（婚姻・子ども）は統計的に有意な値はほとんど得られていない。わずかに未婚女性が統計的に有意に既婚女性よりも投票意向が低いことを示すのみである。これに対し, 職業や就業形態は投票意向に影響を与えている。職業についてみると, model6 の女性では専門・技術職に比べ管理職, 事務職といった雇用者が統計的に有意に投票意向

図 2-10　政治関心の決定要因の推計（男女別）

	Model1 男性 (2007年)			Model2 男性 (2015年)			Model3 女性 (2007年)			Model4 女性 (2015年)		
	Coef.	Std.	Err.	Coef.	Std.	Err.	Coef.	Std.	Err.	Coef.	Std.	Err.
婚姻（既婚）												
未婚	0.104	0.160	0.65	-0.131	0.218	-0.60	-0.088	0.158	-0.56	0.039	0.206	0.19
離死別	0.205	0.232	0.88	-0.154	0.276	-0.56	0.001	0.202	0.01	0.188	0.174	1.08
子ども（あり）												
子どもなし	0.123	0.143	0.86	0.050	0.174	0.29	0.047	0.132	0.35	-0.061	0.169	-0.36
学歴（中学校）												
高等学校	0.332	0.262	1.27	0.871	0.388 **	2.24	0.468	0.408	1.15	0.699	0.474	1.47
専門学校	0.328	0.274	1.20	0.720	0.397 *	1.81	0.403	0.413	0.98	0.741	0.480	1.54
短大・高専	0.609	0.330 *	1.85	1.184	0.467 **	2.53	0.500	0.411	1.22	1.094	0.481 **	2.27
大学	0.652	0.271 **	2.41	1.253	0.394 ***	3.18	0.974	0.419 **	2.32	1.251	0.490 **	2.55
大学院	0.626	0.338 *	1.85	0.947	0.474 **	2.00	1.017	0.510 *	1.99	1.809	0.576 ***	3.14
職業（専門職・技術職）												
管理職	0.285	0.185	1.54	0.008	0.186	0.04	0.782	0.723	1.08	0.471	0.390	1.21
事務職	-0.009	0.148	-0.06	-0.004	0.209	-0.02	-0.064	0.140	-0.46	0.012	0.148	0.08
販売職	-0.184	0.157	-1.17	-0.314	0.225	-1.40	-0.479	0.171 ***	-2.80	-0.293	0.186	-1.57
サービス職	0.023	0.209	0.11	-0.106	0.259	-0.41	-0.342	0.182 *	-1.88	-0.250	0.183	-1.36
生産・技能職	-0.298	0.138 **	-2.17	-0.316	0.189 *	-1.67	-0.602	0.220 ***	-2.73	-0.427	0.256 *	-1.67
運輸・保安職	-0.082	0.180	-0.46	-0.644	0.238 ***	-2.70	0.250	0.473	0.53	-0.456	0.582	-0.78
その他	-0.559	0.259 **	-2.16	-0.333	0.369	-0.90	-0.455	0.200 **	-2.27	-0.553	0.213 ***	-2.60
無業	-0.715	0.646	-1.11	-0.347	0.579	-0.60	-1.225	0.828	-1.48	-0.087	0.680	-0.13
/cut1	0.609	1.321	-1.98	-1.523	1.674	-4.80	-0.080	1.405	-2.83	2.641	1.559	-0.42
/cut2	1.569	1.322	-1.02	-0.571	1.673	-3.85	1.082	1.406	-1.67	3.831	1.563	0.77
/cut3	2.691	1.324	0.10	0.733	1.674	-2.55	2.477	1.407	-0.28	5.224	1.567	2.15
N	655			405			739			554		
PseudoR2	0.031			0.055			0.036			0.055		

（注）上記の他、コントロール変数として年齢、就業形態ダミー、企業規模ダミー、年収（カテゴリー）を加えている。
* ：10％水準で有意，** ：5％水準で有意，*** ：1％水準で有意。

が高いことがわかる。これに対し model5 の男性では，専門・技術職にくらべ
販売，サービス，生産技能，運輸保安職，無業のいずれも有意に投票意向が低
い。また，学歴についてみると女性では大学卒・大学院卒になると係数の値が
大きく上がったものの，統計的に有意な値は得られなかった。一方，男性につ
いては同じく大学卒・大学院卒であることが大きく投票意向を高め，統計的に
も有意な値を得た。推計結果の予想と照らし合わせると，図2-10と同様にラ
イフコース要因については予想に反する結果となり，職業要因・学歴要因につ

図2-11　投票意向の決定要因の推計（男女別）

	Model5 男性 (2015年)			Model6 女性 (2015年)		
	Coef.	Std.	Err.	Coef.	Std.	Err.
婚姻（既婚）						
未婚	− 0. 041	0. 238	− 0. 17	− 0. 535	0. 217 **	− 2. 47
離死別	− 0. 238	0. 286	− 0. 83	− 0. 086	0. 182	− 0. 47
子ども（あり）						
子どもなし	0. 077	0. 190	0. 41	0. 291	0. 182	1. 60
学歴（中学校）						
高等学校	0. 697	0. 384 *	1. 82	− 0. 240	0. 481	− 0. 50
専門学校	0. 634	0. 391	1. 62	− 0. 321	0. 488	− 0. 66
短大・高専	0. 739	0. 471	1. 57	− 0. 158	0. 487	− 0. 32
大学	0. 896	0. 387 **	2. 31	0. 386	0. 499	0. 77
大学院	1. 006	0. 497 **	2. 02	0. 513	0. 609	0. 84
職業（専門職・技術職）						
管理職	− 0. 009	0. 212	− 0. 04	0. 766	0. 393 *	1. 95
事務職	− 0. 032	0. 230	− 0. 14	0. 309	0. 154 **	2. 01
販売職	− 0. 656	0. 234 ***	− 2. 81	− 0. 118	0. 183	− 0. 64
サービス職	− 0. 650	0. 266 **	− 2. 45	− 0. 004	0. 184	− 0. 02
生産・技能職	− 0. 562	0. 202 ***	− 2. 78	− 0. 184	0. 249	− 0. 74
運輸・保安職	− 0. 973	0. 240 ***	− 4. 06	− 0. 122	0. 576	− 0. 21
その他	− 0. 288	0. 387	− 0. 74	0. 034	0. 208	0. 17
無業	− 1. 825	0. 667 ***	− 2. 74	0. 243	0. 540	0. 45
/cut1	− 2. 081	1. 773	− 5. 56	− 2. 069	1. 517	− 5. 04
/cut2	− 1. 599	1. 770	− 5. 07	− 1. 577	1. 516	− 4. 55
/cut3	− 1. 057	1. 768	− 4. 52	− 0. 923	1. 516	− 3. 89
/cut4	− 0. 510	1. 768	− 3. 97	− 0. 283	1. 515	− 3. 25
N		405			554	
PseudoR2		0. 067			0. 031	

（注）上記の他，コントロール変数として年齢，就業形態ダミー，企業規模ダミー，
　　年収（カテゴリー）を加えている。
*：10％水準で有意，**：5％水準で有意，***：1％水準で有意。

いては女性の学歴要因を除いてほぼ予想通りの結果を得た。

5．考察・まとめ

　本章では，なぜ日本の女性の政治関心が男性よりも低いのかを明らかにするために，個人のライフコースや職種に着目しミクロデータを用いて比較分析を行い，検証を行った。分析の結果，次のことが明らかとなった。

　第一に，婚姻状況や子供の有無といったライフコース要因は男女ともに政治関心に与える影響は確認されなかった。ただし，表には示していないものの調査期間中（2007年から2015年）に結婚・出産を経験した者のスコアは，そうでない者よりも2015年調査時点において政治関心が高い傾向にあった。

　第二に，政治関心は学歴・職業という社会階層に関する要因の影響を強く受けていることがわかった。これは，これまでの社会階層と政治行動に関する多くの先行研究による分析結果をおおむね支持するものである。

　具体的には，他職種にくらべ管理職のスコアが高く，投票意向は同じく管理職が高いものの，事務職も高いスコアを示していた。学歴についてみると，男女ともに学歴が高くなるほど政治関心，投票意向ともにスコアが高まり，学歴と政治活動の間の正の関係が示された。さらに，女性は専門職・技術職よりも販売，サービス，生産技能職といった職業で有意に政治関心が低く，男性は専門職・技術職よりも生産技能職，運輸保安職といった職業で同様の傾向がみられる。男女間の職業分布は，男性の管理職比率が高く，女性の事務職比率が高くなっており，同データでみても大きく異なる。このように，男女間の職業分布の違いが政治関心の違いに影響を与えている可能性が示唆される。

　学歴については，女性・男性ともに大学・大学院卒である場合に大きく政治関心が高まっており，統計的にも有意な値となっている。特に女性の大学院卒，男性の大学卒で大きな係数の上昇がみられ，政治関心の高まりをうかがわせる。

　第三に，投票意向についても政治関心と同様にライフコース要因（婚姻・子

ども）は統計的に有意な値はほとんど得られなかった。ただし，未婚女性は統計的に有意に既婚女性よりも投票意向が低い。これに対し，職業や就業形態は投票意向に影響を与えている。職業についてみると，女性は専門・技術職に比べ管理職，事務職といった雇用者が統計的に有意に投票意向が高い。これに対し男性では，専門・技術職にくらべ販売，サービス，生産技能，運輸保安職，無業のいずれも有意に投票意向が低い。学歴についてみると，女性は大学卒・大学院卒になると係数の値が大きく上がったものの，統計的に有意な値は得られなかった。一方，男性については同じく大学卒・大学院卒であることが大きく投票意向を高め，統計的にも有意な値を得た。

これらの結果から，一歩踏み込んだ考察を進めたい。これまでの分析結果は，女性の政治関心が低い要因として社会階層をあらわす職業選択と学歴のジェンダー格差が影響している可能性を示唆している。今回実証分析に用いたコーホートは，大学進学率が男性が約35％，女性が約17％程度と大学進学率に大きな男女差がある年代であった。そのため，学歴の影響も色濃く表れている可能性がある。よく知られるように，その後女性の大学進学率が上昇し，直近のデータでは大学進学率の男女差は約5％程度まで縮小している。時間はかかるものの，今後学歴要因は政治参加のジェンダー格差を縮小させる一因になりうる。つまり，女性の政治参加には，ただ単に政治に関する要因のみを検証するのではなく，女性の高学歴化や職業選択・昇進といった女性全体のエンパワーメントが必要であることを示唆している。

また，職業選択も大きな要因である。本分析では，管理職の政治関心・投票意向が高い結果となったが，よく知られるように企業における女性の管理職比率は約1割強と，政治参加と同じく諸外国に比べ際立って低い。その点で，政治参加には経済的要因も影響することを示唆しており，将来的な女性管理職の増加が政治関心を高めるための一つの要因となるだろう。

一方，なぜライフコース要因が政治関心・投票意向に対し有意な結果を得ることがなかったのか。この点についての解釈はやや難しいが，結婚・出産といった家族要因よりも，学歴達成や仕事といった社会経済的要因のほうが，男

附表 1　記述統計量

	2007 年（男性）				2007 年（女性）				2015 年（男性）				2015 年（女性）			
	Mean	Std. Dev.	Min	Max	Mean	Std. Dev.	Min	Max	Mean	Std. Dev.	Min	Max	Mean	Std. Dev.	Min	Max
政治関心 (1) 関心を払っていない	0.095	0.293	0	1	0.133	0.340	0	1	0.076	0.265	0	1	0.135	0.343	0	1
(2)	0.249	0.433	0	1	0.361	0.481	0	1	0.213	0.410	0	1	0.373	0.484	0	1
(3)	0.405	0.491	0	1	0.410	0.492	0	1	0.451	0.498	0	1	0.396	0.489	0	1
(4) 関心を払っている	0.251	0.434	0	1	0.095	0.293	0	1	0.260	0.439	0	1	0.096	0.295	0	1
投票意向 (1) 行かない									0.059	0.236	0	1	0.050	0.218	0	1
(2)									0.071	0.257	0	1	0.070	0.255	0	1
(3)									0.137	0.345	0	1	0.169	0.375	0	1
(4)									0.179	0.384	0	1	0.228	0.420	0	1
(5) 行く									0.554	0.498	0	1	0.483	0.500	0	1
婚姻（既婚）	0.704	0.457	0	1	0.754	0.431	0	1	0.791	0.407	0	1	0.764	0.425	0	1
未婚	0.247	0.432	0	1	0.175	0.380	0	1	0.163	0.370	0	1	0.153	0.360	0	1
離死別	0.049	0.216	0	1	0.071	0.257	0	1	0.046	0.210	0	1	0.083	0.277	0	1
子ども（あり）	0.030	0.170	0	1	0.011	0.102	0	1	0.706	0.456	0	1	0.758	0.429	0	1
子どもなし	0.345	0.476	0	1	0.374	0.484	0	1	0.294	0.456	0	1	0.242	0.429	0	1
学歴（中学校）	0.167	0.373	0	1	0.209	0.407	0	1								
高等学校	0.040	0.197	0	1	0.245	0.430	0	1								
専門学校	0.369	0.483	0	1	0.142	0.350	0	1								
短大・高専	0.049	0.216	0	1	0.018	0.135	0	1								
大学	0.638	0.481	0	1	0.716	0.451	0	1								
大学院	0.362	0.481	0	1	0.284	0.451	0	1								
職業（専門職・技術職）	0.256	0.437	0	1	0.158	0.365	0	1	0.232	0.423	0	1	0.197	0.398	0	1
管理職	0.077	0.266	0	1	0.004	0.063	0	1	0.164	0.371	0	1	0.020	0.139	0	1
事務職	0.133	0.339	0	1	0.211	0.408	0	1	0.120	0.325	0	1	0.252	0.435	0	1
販売職	0.110	0.313	0	1	0.093	0.291	0	1	0.098	0.297	0	1	0.112	0.316	0	1
サービス職	0.060	0.238	0	1	0.095	0.293	0	1	0.066	0.249	0	1	0.114	0.318	0	1
生産・技能職	0.209	0.407	0	1	0.051	0.220	0	1	0.186	0.389	0	1	0.046	0.210	0	1
運輸・保安職	0.080	0.271	0	1	0.009	0.096	0	1	0.083	0.276	0	1	0.007	0.084	0	1
その他	0.032	0.175	0	1	0.065	0.247	0	1	0.027	0.162	0	1	0.092	0.290	0	1
無業	0.044	0.205	0	1	0.314	0.464	0	1	0.024	0.155	0	1	0.160	0.367	0	1
N	655				739				405				554			

女ともに政治参画意識・行動に与える影響がより大きいとみることができるだろう。

　最後に，本稿に残された今後の課題がいくつかある。政治意識について国際比較研究を行うことにより，日本の女性の政治関心の特徴がより明らかになるだろう。また，都市・地方等の地域差に着目した研究の方向性もありうる。さらに実証面ではパネルデータとしての分析を行うことができなかったため，今後，個人の政治意向・政治活動の変化を追ったパネルデータを用いた分析なども行い，どのような女性が政治参加を可能とするかについてより詳細かつ精緻な検証を行っていきたい。

謝辞
　本稿作成にあたり，東京大学社会科学研究所 SSJ アーカイブより，東京大学社会科学研究所パネル調査プロジェクト『東大社研・壮年パネル調査（JLPS-M）Wave 1-9』の提供を受けた。

　1）三宅（1989）によれば，投票率の増減を説明する仮説としては（1)社会動員仮説，(2)合理的投票仮説，(3)投票動機仮説の3つがある。
　2）世界経済フォーラム（WEF）が毎年実施している調査である。経済，政治，教育，健康の4分野で女性の地位を分析し，総合順位を決めるものである。
　3）2018年には政治分野における男女共同参画を効果的かつ積極的に推進し，男女が共同して参画する民主政治の発展に寄与することを目的とした「政治分野における男女共同参画の推進に関する法律」が制定・施行されている。同法に関する各議会の取組は林（2020）を参照されたい。
　4）日本は他の経済，教育，健康分野も 2006 年に比べ 2020 年の順位が低下しており，女性活躍推進施策の取り組みにもかかわらず男女共同参画が相対的に進まなかったといえる。
　5）フランスでは 2017 年選挙において党首が勝てる見込みのある選挙区に女性を割り当てる意志があることを強調した結果，女性の候補者が増加するとともに女性当選者も増加した。またイギリス労働党では，現職議員が引退を予定しているなどの「当選の可能性の高い」選挙区において，議員の候補者を選出する最終候補者リストを女性に限定するという仕組み（女性指定選挙区）が導入され，女性議員の増加に大きく寄与した（内閣府（2019））。
　6）イギリス労働党では 1990 年代より党内役職におけるクオータ制を実施している（内閣府（2019））。
　7）地方議会については，全ての都道府県議会に女性議員がいる一方で，市区議会の

3.8％，町村議会の 30.2％で女性議員がゼロとなっている（内閣府（2020））。

8) 一例として，平野（2011）では性別ダミーの他に職業変数の中に「専業主婦」が含まれ，分析モデルに組み込まれている。

9) 三浦（2016）によれば，政治学の分野では少数であっても大きな足跡を残した女性議員を「クリティカル・アクター」と呼び，ある水準を超えると突然質的変化が起き，おおむね女性比率 30％を超えて初めて組織に変化が観察できることを「クリティカル・マス」という。クリティカル・アクターを生み出す要因としてはコミットメント，ポジション，ネットワークの三条件の他，時代環境も作用する。

10) 同データのサンプルサイズは男性 411，女性 563 である。

11) いずれの項目も「賛成」から「反対」までの 5 段階の設問となっている。

12) その他，役職と政治関心・投票意向の関係も男女別に確認したが，いずれの役職においても男性の方が女性よりも高いスコアとなった。女性の管理職者数が少ないため，本節には掲載しない。

13) 無回答及び学生のサンプルは除いて推計した。また，2015 年データでは学歴を尋ねていないため，2007 年データで得られた回答を用いた。

参 考 文 献

相内眞子（2007）「女性政治家に対する有権者の態度—誰が女性政治家を支持するのか」川人貞史・山元一編『政治参画とジェンダー』東北大学出版会，第 15 章，pp347-371

飽戸弘（1994）『政治行動の社会心理学』福村出版

井出知之（2011）「社会階層論における政治意識—社会構造と政治変動」『選挙研究』日本選挙学会，27 巻 1 号，pp72-84

大海篤子（2005）『ジェンダーと政治参加』世織書房

大山七穂・国広陽子（2010）『地域社会における女性と政治』東海大学出版会

大山七穂（2016）「女性議員と男性議員は何が違うのか」三浦まり編著『日本の女性議員　どうすれば増えるのか』朝日新聞出版，第 5 章，pp217-270

小林久高（2000）「政治イデオロギーは政治参加にどう影響するのか　現代日本における参加と平等のイデオロギー」海野道郎編『日本の階層システム 2　公平感と政治意識』東京大学出版会，第 8 章，pp173-194

――――（2002）「漂流する政治意識」原純輔編著『流動化と社会格差』ミネルヴァ書房，第 8 章，pp233-265

境家史郎（2013）「戦後日本人の政治参加」『年報政治学』Vol.64, No.1, pp236-255

総務省選挙部（2019）『目で見る投票率』
https://www.soumu.go.jp/main_content/000696014.pdf（2020 年 8 月 5 日アクセス）

武田祐佳（2010）「政治参加におけるジェンダー・ギャップ—JGSS-2003 による資源・政治的関与要因の検討」『日本版総合的社会調査共同研究拠点 研究論文集』大阪商業大学 JGSS 研究センター，No.10, pp323-335

東京大学社会科学研究所（2020）『東大社研・壮年パネル調査（JLPS-M）Wave 1-9, 2007-2015』https://ssjda.iss.u-tokyo.ac.jp/Direct/gaiyo.php?eid=PM090（2020年1月29日アクセス）

内閣府男女共同参画局（2018）『平成30年度 女性の政策・方針決定参画状況調べ』http://www.gender.go.jp/research/kenkyu/sankakujokyo/2018/（2020年8月5日アクセス）

――（2019）『共同参画』令和元年6月号http://www.gender.go.jp/public/kyodosankaku/2019/201906/201906_04.html（2020年8月5日アクセス）

――（2020）『令和2年版男女共同参画白書（概要）』http://www.gender.go.jp/about_danjo/whitepaper/r02/gaiyou/pdf/r02_gaiyou.pdf（2020年8月5日アクセス）

原純輔（1993）「政治的態度の変容と階層，ジェンダー 1955-85年SSM調査の結果から」直井優・盛山和夫・間々田孝夫編『日本社会の新潮流』東京大学出版会，第5章，pp101-120

林紀行（2020）「政治分野における男女共同参画推進法とその課題：2019年統一地方選挙と参議院議員通常選挙の分析から」『環太平洋大学研究紀要』第15号，pp113-122

平野浩（2011）「メディア接触・政治意識・投票行動― 2009年衆院選における実証分析」『選挙研究』日本選挙学会，26巻2号，pp60-72

増山幹高（2007）「女性の政界進出：国際比較と意識調査」川人貞史・山元一編『政治参画とジェンダー』東北大学出版会，第11章，pp265-279

三浦まり・衛藤幹子編著（2014）「ジェンダー・クオータ 世界の女性議員はなぜ増えたのか」明石書店

三浦まり（2016）「女性が議員になるということ」三浦まり編著『日本の女性議員 どうすれば増えたのか』朝日新聞出版，第1章，pp13-62

三宅一郎（1989）『投票行動』東京大学出版会

宮野勝（2000）「階層と政治」高坂健次編『日本の階層システム6 階層社会から新しい市民社会へ』東京大学出版会，第3章，pp53-72

――（2019）「構造方程式モデルによるグループ間比較方法の検討 ―政治的関心の男女差とMGCFAモデル」『中央大学社会科学研究所年報』Vol.23，pp1-21

山田真裕（2007）「日本人の政治参加におけるジェンダー・ギャップ」川人貞史・山元一編『政治参画とジェンダー』東北大学出版会，第11章，pp265-279

Holman M.R. and SchneiderbM.C.（2016）"Gender, Race, and Political Ambition: How Intersectionality and Frames Influence Interest in Political Office" *Politics, Groups, and Identities*, Vol.4, pp1-17

Inglehart. R. and Norris. P.（2003）*"Rising Tide: Gender Equality and Cultural Change Around the World"* Cambridge University Press

Morgan J., Espinal R. and Hartlyn J.（2008）"Gender Politics in the Dominican

Republic: Advances for Women, Ambivalence from Men" *Politics & Gender*, Vol.4, pp35-63

Preece J. and Stoddard O. (2015) "Why women don't run: Experimental evidence on gender differences in political competition aversion" *Journal of Economic Behavior & Organization*, No.117, pp296-308

第 3 章
世代格差・経済格差と政治意識の格差

安 野 智 子

1. 問題——世代と経済状況による政治意識の違い

　戦後長らく「総中流社会」と考えられてきた日本であるが，2000 年代以降，非正規雇用や単身世帯の増加，長引く不況にともなう給与の抑制や消費税の増税などによって，経済格差と若年層・子育て層の貧困が問題視されるようになった。一方，若年層の投票率は中高年層に比べて低く，高齢者との間に政治的影響力の格差が生じている可能性が懸念されている（八代 2016）。

　本研究では，こうした経済格差や年代の断絶が民主主義社会に及ぼす影響を検討するため，年代と所得・資産によって，政治的有効性感覚や政治意識がどのように異なるのか，そうした差異をもたらすものは何かについて，2019 年に実施したウェブモニタ調査を用いて検討する。

1-1　日本における「格差」の構造

　現代の日本が直面する大きな問題の一つに，経済的格差の拡大がある。OECD の報告によれば，日本（2015 年）のジニ係数は 33.9 と，先進国平均（29.7）より大きい（OECD 2019）。この数字はアメリカ（2015 年 39.0）やイギリス（2015 年 36.0）ほどではないにせよ，イタリア（2015 年 33.3），ロシア（2016年 33.1），スペイン（2015 年 34.4）なども上回っている[1]。

　日本の「格差社会」化は，橘木（1998）が『日本の経済格差—所得と資産から考える』で指摘して以来，さまざまな論争を呼んでいる（例として中央公論編集部編 2001）。橘木は，高度経済成長期から安定期にかけての「一億総中流」が，バブル期以降には格差の拡大に向かっていること，またその格差が再生産されて固定化しつつある可能性を指摘した。これに対して大竹（2005）は，ジニ係数の上昇は，主に「当初所得」（再分配前）の状態で目立っており，その理由は高齢化（および単身世帯の増加）と「当初所得」の定義にあると批判した。「公的年金所得が当初所得に含まれない，というなんでもない事実が，人口高齢化の局面で極端な不平等度の上昇をもたらしていた」（大竹 2005, iii），つまり格差拡大は見せかけの現象だというのである。内閣府の報告書（平成18年度版 年次経済財政報告書）にも同様の記述がみられる。これに対して橘木（2006）はさらに，高齢者の中での経済格差が拡大していること，若年層の中でも近年格差が拡大しつつあることを挙げ，格差は確実に拡大傾向にあると反論している。

　日本で格差が拡大しているといえるのかどうか，研究者によって見解には違いがあるとはいえ，「高齢者のほうが若い世代よりも世代内経済格差がより大きい」「一方で，若い世代の貧困と世代内格差が深刻化している」という点は，多くの研究者が一致して認めているところである。高齢者の場合はそれまでの蓄積が反映されることが主な原因だが，若年層の場合は非正規労働者の増大に伴い，正規労働者との給与格差が生じていることがジニ係数上昇の原因と考えられる（内閣府 2015, 第3章）。しかも若年層の段階での「正規・非正規」格差は，加齢とともに拡大していく恐れがある。

　経済格差の拡大自体も問題だが，より本質的な問題は，国民の所得が低下していること，および貧困層の増加である。厚生労働省白書（平成29年版）によれば，日本の世帯収入は，1990年代半ばをピークとしてそれ以降は低下傾向にある。2015年の平均所得は707.1万円と，1996年の781.6万円より70万円以上も下がっている。消費税が1997年に5%，2014年に8%（そして2019年10月には10%）と引き上げられたこと，および消費者物価指数は90年代後半

以降ほぼ横ばいである（内閣府 平成 30 年度年次経済財政報告）[2] ことをふまえると，生活の実感としては 2000 年代以降，より厳しくなっていることが推測できる。

　図 3-1 を見ると，高齢者世帯よりも，現役世代での所得減少が目立つ。その背景にあるのは，非正規雇用の増大である。かつての「子育て中の主婦のパート勤務」だけではなく，単身者や男性にも非正規雇用が増えているのは，バブル崩壊後，企業が人件費抑制のために正規雇用職員の採用を控えたことによる（太田 2006）。若年層の貧困は，未婚率の上昇と少子化を招く（山田 2007）。さらに，幼い子を抱える子育て世代で貧困が増加すれば，富裕層との間の格差が，教育機会を介して再生産される可能性もある（佐藤 2000；橋本 2018）。

　なお当然ながら，経済的格差の原因は，雇用形態や勤労所得，年齢だけではない。とくに住居以外の不動産や株式，金融資産などの資産は不労所得を生み，経済格差を拡大する要因となりうる（太田 2003）。とりわけ，安倍政権前半の「アベノミクス」による株価上昇は，資産の格差を拡大した可能性がある。そのほか，地域間・地域内の所得格差や，女性のほうが所得が低くなりがちという性差も存在する。また，大学進学率の上昇が一段落した現在，「大学」という学歴の有無が，就職の機会や所得などさまざまな場面での分断を生んで

図 3-1　1 世帯当たりの平均所得推移（単位：万円）

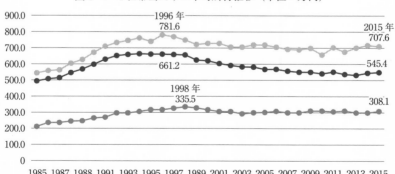

（出所）平成 29 年度版厚生労働白書図表 2-1-1 より筆者作成。

いるという指摘もある（吉川 2018）。このように，経済的格差の背景は単純ではないが，本研究ではまず「年齢」「所得」「資産」を中心的な軸として，経済的状況や世代の格差が政治意識の分断を生んでいるのか，という問題意識で論を進めたい。

1-2　経済的格差と民主主義

　経済的な格差が民主主義を損なうかどうかについては，結論が出ているわけではない。Lipset（1959）によれば，経済発展により中間層が豊かになることが民主化の必要条件の一つであるが，資本主義市場経済は所得の不平等も増大させ，民主主義を制約する可能性も指摘されている（Dahl, 1998）。近年の実証研究をみても，どちらの結果を支持する知見も存在するのが実情である。

　Solt（2008）は，国際比較データを用いて，世界全体でみれば，所得格差が政治への関心や議論への参加を抑制することを指摘している。また，Heap らは，不平等が信頼を損なうことを実験的に示し，経済的不平等が民主主義の基盤を損なう可能性を示唆している（Heap, Tan, and Zizzo, 2013）。

　他方，格差による対立が政治参加を促すという知見もある。Soci らは，イギリスと北アイルランドにおいて，経済的格差は民主主義への満足感を低下させるものの，政治参加を促進することを報告している（Soci, Maccagnan & Mantovani, 2014）。

　ただし長期的にみれば，経済的格差は民主主義のあり方そのものを危機にさらす可能性が高い。経済的な格差は，教育機会や権力へのアクセスの不平等を介して，政治的参加の機会の平等を損なうためである。富裕層や企業，圧力団体などが，資金力によって政治に過剰な影響力をもつことになる（Reich, 2007）。

　現代の日本において，経済格差は政治参加の機会の格差につながっているのだろうか。過去の研究では一般に，社会経済的地位が高いほど，また（政治的社会化により）年齢が高い人ほど政治参加しやすいことが知られている（蒲島 1988；山田 2016）。アメリカでは所得だけでなく，人種も政治参加に影響を与える要因である（Shlozman, Page, Verba, and Fiorina, 2007; Verba, Schlozman and Brady,

1995)。イギリスでも所得や学歴，年齢による投票参加率の差が拡大している
という (Birch, Gottfried, and Lodge, 2013)。

　ただし日本では，社会経済的な地位と投票参加との関係は不明瞭であった。
日本では「学歴が低い人ほど投票率が高い」「農村部ほど投票率が高い」とい
う傾向があったためである（蒲島 1988）。しかし境家（2013）は，「学歴が低い
ほど投票率が高い」「農村部のほうが都市部より投票率が高い」という傾向が，
2000 年代以降は見られなくなっていることを報告している。2000 年代になる
と，むしろ高学歴のほうが投票率が高くなり，都市規模の違いは見られなく
なっていたという。また，政治的有効性感覚についていえば，むしろ都市部の
ほうが高くなっていたとも指摘している。つまり，日本の政治参加に見られた
「低学歴バイアス」「農村部バイアス」は 55 年体制の成熟期に特有の一時的な
傾向であった可能性がある。戦後，高学歴化が進んでいた時期には，「（政治参
加しやすい）高齢者ほど学歴が低い」という傾向が顕著であったためでもあろ
う。

　一方で，若い世代のほうが投票率が低いという傾向には現在でも変化がな
い。投票率は長期的に低下傾向にあるが，なかでも若い世代で投票率が低く，
60 代をピークとして逆 U 字カーブの関係となっている[3]（75 歳以上の高齢者に
なると投票率は低下する）。

　もし，近年では日本でも社会的地位が高い人ほど投票しやすくなっているな
らば，また若年層で貧困が増えているならば，年齢による投票率や政治参加の
格差は，若者と豊かな高齢者の間に，従来以上に深刻な政治参加機会の格差を
もたらすおそれがある。さらに，政党や政治家が打ち出す政策も，投票率の高
い高齢者に向けたものに偏る可能性が否定できない。

1-3 シルバー・デモクラシーと若者の政治関心

　第 1 節に述べたように，日本の経済格差は，世代の格差とも関連している。
1990 年代半ば以降の長期不況で，若年層の非正規労働が増加したからである。

　八代（2016）は，高齢化が進む日本において，人口も多く投票率も高い高齢

者の影響力が大きくなりすぎているのではないかと危惧している。政治家は当面の選挙に勝つために，高齢者の既得権益を守る政策を打ち出す。しかしそれが結果的に，若年層や現役世代に過度の負担を強いることとなり，社会の持続性が損なわれ，逆に高齢者の不安感を高めてしまうというのである。年金の問題や，借金（国債）に依存した予算づくりはその一例であろう。

　もちろん，こうした「シルバー・デモクラシー」の問題は，高齢者の責任ではなく，むしろ政治家の責任である。また，「高齢者」とひとくくりにすべきかどうかも議論の余地がある。経済的に豊かな高齢者と，そうでない高齢者との間にも利害の対立が生じている可能性があるからである。

　さらに，高齢者のほうが若者よりも政治参加しやすい，あるいは政治的有効性感覚が高いとしても，あくまでも相対的な傾向であって，高齢者が活発な政治参加をしているわけでも，高齢者が全般的に政治的有効性感覚が高いわけでもないという指摘もある（小田 2015）。したがって，若年層の投票率が低いことが，政策の世代間格差の問題をより深刻化させていると考えられる。世界的に投票率は低下傾向にあるが，他の国と比較した場合でも，日本の投票率は低い水準にある（飯田・松林・大村 2015，p. 78）。なかでも若年層の投票率は低く，2017（平成29）年衆院選の投票率は，20歳代が33.85％，30歳代が44.75％と，60歳代の72.04％，50歳代の63.32％を大きく下回っている（明るい選挙推進協会）[4]。

　では，なぜ若者の政治参加や政治関心は低いのか。第一に，加齢による政治的社会化の影響が考えられる（Dawson, Prewitt and Dawson, 1977）。加齢による発達・成熟のほか，社会的な経験やライフステージなどの影響で，年齢が高くなるほど政治的な関心や政治的有効性感覚が高まることが考えられる。第二に，政治的動員の効果である。年齢が高くなるほど，政治的な社会的ネットワークに組み込まれたり，自らの地域的・職業的利益にも自覚的になったりすることが考えられる（鈴木 2019）。第三に，メディア利用の違いが，政治的情報接触の差を生んでいる可能性がある。NHK放送文化研究所の調査によれば，20〜30代の若年層は，それ以上の年代に比べてテレビや新聞のニュースへの

接触は少なく，政治への関心も低いという報告がある（保高 2018）。インターネットも重要な政治的情報源となりうるが，SNS やキュレーションサイトのように選択性の高い情報源の場合には，その利用が政治知識の格差はむしろ拡大する可能性もある（稲増・三浦 2016）。

　このように，一般的には若年層のほうが政治への関心は低く，その結果，政治知識も若年層のほうが少ないと予測される。政治的知識には「統治の仕組みに関する知識」「政党政治の動向に関する知識」「政治的リーダーに関する知識」などの次元があり（Delli Carpini & Keeter, 1996; 今井 2008），選挙制度や行政の仕組みに関する制度的な知識や，歴史的な知識が主に学校教育で獲得されるのに対し，現在の政治の動向や政治家などの政治的アクターに関する情報は，マスメディアをはじめとするニュース接触が主要な情報源と考えられる。ただし今井（2008）の分析結果によれば，政治的知識の4つの次元（「統治の仕組み」「争点」「政治的リーダー」「マニフェスト」）のすべてにおいて，新聞接触の効果がみられたものの，学歴の効果のほうが大きかった。また，テレビニュース接触については効果が見られなかった。

2．本研究の仮説

　以上の議論に基づき，本研究では，年齢と経済状況によって，政治的有効性感覚や政治知識に違いが生じているのか，すなわち，年齢が高く世帯所得の高い人ほど政治的有効性感覚が高く，知識もあるという傾向がみられるかどうかを検討する。年齢や所得が政治参加や政治的有効性感覚に及ぼす影響については先行研究でも報告されているとおりであるが，本研究では，年齢と所得によって回答者をクラスターに分類し，それぞれのクラスターの特徴を記述することを試みる。また，なぜそのような違いがみられるのかについても，情報接触の効果として検討したい。さらに，リサーチ・クエスチョンとして，年齢や所得によって政治的な意見（争点態度）にどのような違いがみられるのかを探索的に検討する。本研究で検証する仮説は以下のとおりである。

仮説1. 世帯年収が高い層のほうが，低い層より，政治的有効性感覚が高い
　　　　だろう。

仮説2. 若年層より高齢者層のほうが政治的有効性感覚が高いだろう。

仮説3. 世帯年収が高い層のほうが，低い層より，政治的情報により多く接
　　　　触しているであろう。

仮説4. 若年層より高齢者層のほうが政治的情報により多く接触しているで
　　　　あろう。

RQ. 年齢及び世帯年収によって，政治的意見（争点態度）にどのような違い
　　　が見られるか。

3. 2019年調査の概要

　本研究で用いるデータは，中央大学社会科学研究所研究チーム（「有権者と政治」）の研究プロジェクトとして実施されたものである。2019年1月，日経リサーチ社のモニタを対象に，オンライン調査を実施した。政治意識や投票行動に関する調査として実施されたため，調査時点で選挙権を持つ18歳以上（69歳まで）の日本人を対象とした。最終的な有効回答数は1698であった。サンプルの構成（性別・年代）は表3-1のとおりである。

　なお，本研究の回答者は無作為抽出によるものではなく，代表性のあるサンプルではない。したがって，今回の調査では，日本人全体の意見分布を推測す

表3-1　サンプルの構成

		18-19歳	20-24歳	25-29歳	30-34歳	35-39歳	40-44歳	45-49歳	50-54歳	55-59歳	60-64歳	65-69歳	計
男性	n	2	37	93	70	99	87	120	87	77	97	92	861
	%	0.2%	4.3%	10.8%	8.1%	11.5%	10.1%	13.9%	10.1%	8.9%	11.3%	10.7%	100.0%
女性	n	2	32	100	71	91	80	103	86	76	92	104	837
	%	0.2%	3.8%	11.9%	8.5%	10.9%	9.6%	12.3%	10.3%	9.1%	11.0%	12.4%	100.0%
	n	4	69	193	141	190	167	223	173	153	189	196	1698
	%	0.2%	4.1%	11.4%	8.3%	11.2%	9.8%	13.1%	10.2%	9.0%	11.1%	11.5%	100.0%

（筆者作成。以下，表はすべて筆者作成。）

ることはできない。ただし本研究の目的は，「年齢層」と「経済状況」という2つの軸によって，一般の有権者にどのような「分断」が生じているのかを探索的に検討することにあるため，代表性がない標本であることによるデメリットは限定的なものと考えられる。

4.　分析結果──クラスターごとの政治意識・政治行動

4-1　所得・資産・年代によるクラスターの分類

　経済状況や年齢によって，政治意識にどのような「分断」が生じているのかを検討するため，まず，世帯収入や資産および年代の変数を用いて，階層型クラスター分析（Ward 法，平方ユークリッド距離）を行った。分析に投入した変数は表3-2のとおりである [5]。なお，世帯年収で「わからない」「答えたくない」を選択した回答者（250名）は分析から除外した。また，所有資産のうち，「自家用車」については居住地の影響が大きいと考えられるため（つまり，交通の不便な地域においては資産というより必需品として所有される傾向があるため），ここでは「不動産」「株式・債券」「貯蓄」の3つの所有状況を用いた。

　デンドログラム（省略）に現れたクラスター間の距離から，4つのクラスターに分けたときが各クラスターの特徴が明確に現れたため，本研究では4クラスターの分類を採用した [6]。4つのクラスターの特徴は，表3-3〜表3-7に示すとおりである。

　クラスター1（n=448）は，比較的高所得の30代・40代を中心としたクラスターである（表3-3，表3-4）。株式・貯蓄などの資産の保有率も比較的高く（株式・債券は46.2%，貯蓄は79.9%が保有），既婚者が多い（60.9%）。職業では正社員が多く（59.8%），学歴は大卒・院卒が多くなっている（69.0%）。総じて，若くして経済的に恵まれたクラスターとみなすことができるだろう。

　クラスター2（n=348）は，若年の未婚者を中心としたクラスターである（20代が46.8%，未婚・一人暮らし39.9%，未婚・家族と同居37.4%）。年齢が若いためか，所得は低め（世帯年収250万円以下が31.9%。251〜450万円が49.7%）で，

保有資産も少ない（どれもない，が34.2%）。ただし2割弱は450万円以上の世帯収入があり，必ずしも低所得というわけではない。このクラスターに属する人が，今後所得が増えてクラスター1のような高所得中年層に移行していくかどうかは，労働形態や業種，社会の経済状況などに左右される可能性がある。

クラスター3（n=287）は，50代・60代の比較的低所得層を中心としたクラスターである（50代が34.5%，60代が57.5%，世帯年収250万円以下が43.9%，251～450万円が56.1%）。無職が25.1%を占めることから，定年退職者を多く

表3-2 クラスター分析に投入した変数

世帯年収	n	%	年代	n	%	資産	n	%
250万円以下	237	14	18-29歳	266	15.7	不動産	519	30.6
251～450万円	346	20.4	30-39歳	331	19.5	自家用車	845	49.8
451～650万円	338	19.9	40-49歳	390	23.0	株式・債券	634	37.3
651～950万円	269	15.8	50-59歳	326	19.2	貯蓄	1184	69.7
951～1250万円	149	8.8	60-69歳	385	22.7	どれもない	292	17.2
1250万円以上	109	6.4						
わからない＋答えたくない	250	14.7	分析から除外[注]					

（注）選択肢に「わからない」「答えたくない」があります

表3-3 各クラスターと年代のクロス集計

		18-29歳	30-39歳	40-49歳	50-59歳	60-69歳	
クラスター1	n	44	183	207	14	0	448
	%	9.8%	40.8%	46.2%	3.1%	0.0%	100.0%
クラスター2	n	163	114	71	0	0	348
	%	46.8%	32.8%	20.4%	0.0%	0.0%	100.0%
クラスター3	n	0	0	23	99	165	287
	%	0.0%	0.0%	8.0%	34.5%	57.5%	100.0%
クラスター4	n	0	0	29	174	162	365
	%	0.0%	0.0%	7.9%	47.7%	44.4%	100.0%
全 体	n	207	297	330	287	327	1448
	%	14.3%	20.5%	22.8%	19.8%	22.6%	100.0%

含んでいることがわかる。高齢なので不動産の保有率は低くはないが(40.1％)，株式・債券や貯蓄の保有率（株式・債券34.5％，貯蓄64.9％）は，より若年層から成るクラスター1より低い。

クラスター4（n=365）も50代・60代を中心としたクラスターであるが（50代47.7％，60代44.4％），クラスター3との違いは高所得層だということであ

表3-4　各クラスターと世帯年収のクロス集計

		250万円以下	251～450万円	451～650万円	651～950万円	951～1250万円	1250万円以上	
クラスター1	n	0	12	165	171	65	35	448
	%	0.0％	2.7％	36.8％	38.2％	14.5％	7.8％	100.0％
クラスター2	n	111	173	56	8	0	0	348
	%	31.9％	49.7％	16.1％	2.3％	0.0％	0.0％	100.0％
クラスター3	n	126	161	0	0	0	0	287
	%	43.9％	56.1％	0.0％	0.0％	0.0％	0.0％	100.0％
クラスター4	n	0	0	117	90	84	74	365
	%	0.0％	0.0％	32.1％	24.7％	23.0％	20.3％	100.0％
全　体	n	237	346	338	269	149	109	1448
	%	16.4％	23.9％	23.3％	18.6％	10.3％	7.5％	100.0％

表3-5　各クラスターの資産保有状況

		不動産	自家用車	株式・債券	貯蓄	どれもない	全体
クラスター1	n	101	250	207	358	42	448
	%	22.5％	55.8％	46.2％	79.9％	9.4％	100.0％
クラスター2	n	3	100	59	173	119	348
	%	0.9％	28.7％	17.0％	49.7％	34.2％	100.0％
クラスター3	n	115	146	99	189	40	287
	%	40.1％	50.9％	34.5％	65.9％	13.9％	100.0％
クラスター4	n	241	261	201	321	11	365
	%	66.0％	71.5％	55.1％	87.9％	3.0％	100.0％
全　体	n	460	757	566	1041	212	1448
	%	31.8％	52.3％	39.1％	71.9％	14.6％	100.0％

る（世帯年収651〜950万円24.7％, 951〜1250万円23.0％, 1251万円以上20.3％）。資産の保有率も4つのクラスターの中で最も高い（不動産66.0％, 自家用車71.5％, 株式・債券55.1％, 貯蓄87.9％）。8割が家族と同居する既婚者であり, 年齢が高いにもかかわらず大卒・院卒率も高い（62.2％）。ある意味, 経済的には現状で最も恵まれたクラスターといえよう。

表3-6　各クラスターの家族状況

		未婚・ひとり暮らし	未婚・家族と同居	既婚・ひとり暮らし	既婚・家族と同居	その他	
クラスター1	n	68	104	2	273	1	448
	%	15.2%	23.2%	0.4%	60.9%	0.2%	100.0%
クラスター2	n	139	130	0	73	6	348
	%	39.9%	37.4%	0.0%	21.0%	1.7%	100.0%
クラスター3	n	66	41	17	161	2	287
	%	23.0%	14.3%	5.9%	56.1%	0.7%	100.0%
クラスター4	n	24	22	12	305	2	365
	%	6.6%	6.0%	3.3%	83.6%	0.5%	100.0%
全　体	n	297	297	31	812	11	1448
	%	20.5%	20.5%	2.1%	56.1%	0.8%	100.0%

表3-7　各クラスターの属性

		正社員	商工自営・自由業	専業主婦	無職	大学・院卒	女性
クラスター1	n	268	21	63	6	309	194
	%	59.8%	4.7%	14.1%	1.3%	69.0%	43.3%
クラスター2	n	167	11	25	42	193	182
	%	48.0%	3.2%	7.2%	12.1%	55.5%	52.3%
クラスター3	n	47	37	52	72	123	142
		16.4%	12.9%	18.1%	25.1%	42.9%	49.5%
クラスター4	n	169	30	73	18	227	171
	%	46.3%	8.2%	20.0%	4.9%	62.2%	46.8%
全　体	n	651	99	213	138	852	689
	%	45.0%	6.8%	14.7%	9.5%	58.8%	47.6%

　以上の 4 つのクラスターは，あくまでも分析に投入した変数（年代，世帯収入，資産）から 4 つに分けた場合の例にすぎず，たとえば正規雇用・非正規雇用の格差や，ひとり親世帯の貧困，大都市とそれ以外の格差などは直接的に反映されていない。とはいえ，若年層の所得が低いこと，高齢者で経済格差が拡大することなど，現状をある程度反映していると考えられる。

4-2　クラスターごとの政党支持と政治参加行動

　それでは，これらのクラスターによって，政党支持や政治参加行動にどのような違いがみられるのだろうか。

　まず，各クラスターの支持政党を見たものが表 3-8 である。（国民民主党，希望の党，自由党，社民党は言及数が一桁であったため，「その他」にまとめた。）クラスター 3 で「自民党」支持率が期待値より有意に低かった（標準化残差-2.4）ほかは，支持政党の分布にはクラスターによる差はみられなかった。

　表 3-9 は，クラスターごとに政治参加経験の言及率をまとめたものである。「過去 5 年間に選挙で投票」「自治会や町内会で活動」の経験は，クラスター 4 ＞クラスター 3 ＞クラスター 1 ＞クラスター 2 の順となった。政治参加経験に

表 3-8　各クラスターの支持政党

		自民党	立憲民主党	公明党	共産党	維新	とくにない	わからない	その他
クラスター 1	n	130	29	8	14	15	229	15	8
	%	29.0%	6.5%	1.8%	3.1%	3.3%	51.1%	3.3%	1.8%
クラスター 2	n	90	20	5	6	9	193	21	4
	%	25.9%	5.7%	1.4%	1.7%	2.6%	55.5%	6.0%	1.1%
クラスター 3	n	59	19	5	14	11	168	4	7
	%	20.6%	6.6%	1.7%	4.9%	3.8%	58.5%	1.4%	2.4%
クラスター 4	n	100	32	8	14	16	181	6	8
	%	27.4%	8.8%	2.2%	3.8%	4.4%	49.6%	1.6%	2.2%
全 体	n	379	100	26	48	51	771	46	27
	%	26.20%	6.90%	1.80%	3.30%	3.50%	53.20%	3.20%	1.90%

表 3-9　各クラスターの政治参加経験（言及率）

		選挙で投票	自治会や町内会で活動	地元の有力者,政治家,官僚などと接触	議会や役所に請願や陳情	政治に関する集会に出席	選挙運動を手伝った	市民運動や住民運動に参加	ネット上で政治的な意見	この中のどれもない
クラスター1	n	331	74	32	20	28	19	12	34	73
	%	73.9%	16.5%	7.1%	4.5%	6.3%	4.2%	2.7%	7.6%	16.3%
クラスター2	n	223	22	13	8	11	6	8	29	88
	%	64.1%	6.3%	3.7%	2.3%	3.2%	1.7%	2.3%	8.3%	25.3%
クラスター3	n	241	77	15	3	15	5	4	16	33
	%	84.0%	26.8%	5.2%	1.0%	5.2%	1.7%	1.4%	5.6%	11.5%
クラスター4	n	330	111	23	14	27	10	8	26	24
	%	90.4%	30.4%	6.3%	3.8%	7.4%	2.7%	2.2%	7.1%	6.6%
全　体	n	1125	284	83	45	81	40	32	105	218
	%	77.7%	19.6%	5.7%	3.1%	5.6%	2.8%	2.2%	7.3%	15.1%

ついては，年齢があがることで政治参加経験が増える傾向が明確といえるだろう。20代など若い回答者は，選挙権を持ってからの年数が浅いことも影響している可能性はある。

　さらに，いくつかの政治参加経験が「どれもない」と回答している比率を見ると，クラスター2（25.3%），クラスター4（6.6%）の間で明確な差が見られた。つまり，政治参加行動については，「経済的に豊かな中高齢層」と「若年層」の間で，一種の格差が生じているといえよう。

4-3　クラスターごとの政治的有効性感覚と民主主義観

　クラスター間の政治参加の違いが何によってもたらされているかを検討するため，次に，政治的有効性感覚・民主主義観に関するクラスター間の違いを見てみよう（仮説1，仮説2）。

　本研究の調査では，政治的有効性感覚・民主主義観を12の質問で尋ねている（7件法，表3-10）。これらを用いて，因子分析（最尤法・プロマックス回転）を行った結果が表3-11である。なお，「私が投票に行っても行かなくても，

政治には影響しない」という項目については，共通性と因子負荷量が低かったため，因子分析からは除外した。

　その結果，固有値 1 以上の基準で 4 つの因子が見いだされた。第 1 の因子は，「選挙があるから国民の声が政治に反映される」「完全ではないとしても，現状では民主主義が最良の政治形態」などの項目の負荷量が高く，「（民主政治の）システム有効性」に関する因子と考えられる。第 2 の因子は「民主主義よりも優れた政治家による独裁政治のほうが良いと思うことがある」「すぐれたリーダーがいれば選挙や議論は必ずしも必要ないと思う」などの負荷量が高く，「政治的リーダーへの委任」に関する因子と考えられる。第 3 の因子は「政治家は当選すると国民のことを考えなくなる」「社会に関することは有権者が決めるのが望ましい」などの負荷が高く，「政治家不信」の因子であろう。「各政党や候補の政策については私はほとんど知らない」「日本が直面している重要な政治的課題については私はかなり良く理解している（負）」の負荷量が高く，「政治的無関心」の因子と判断できる。

　4 つのクラスター間で，これら 4 つの因子得点の平均値を比較したところ，4 項目すべてに有意な差が認められた。因子 2 については一元配置分散分析（F=21.52, df=3, p＜.001），因子 1，3，4 については，等分散性が満たされなかったため，Kruskall-Wallis の検定を行ったところ，すべて帰無仮説は棄却された（p＜.001）。多重比較の結果は表 3-12 に，また因子得点の平均値と 95%信頼区間は図 3-2 〜図 3-5 に示すとおりである。ただしこれら因子得点の平均値の違いは，あくまでも相対的な比較であることには注意する必要がある。

　まず因子 1（システム有効性）についてみると，クラスター 4 とクラスター 2 の間に，つまり豊かな中高年層と経済的に余裕のない若年層の間に大きな乖離がある。因子 2（リーダーへの委任）と因子 3（政治家不信）は，経済状況よりも若年層と中高年層の差が大きい。因子 4（政治への無関心）は因子 1 と逆に，クラスター 2 で突出しており，最も政治的関心の高いクラスター 4 との間に大きな差が生じている。全体としてみると，クラスター 4 の政治的有効性感覚が最も高く，若年層から成るクラスター 2 の有効性感覚が最も低い。

　以上をまとめると，政治的有効性感覚については全般に，年齢が大きなファクターとなるようである。高齢者の中で世帯年収による違いが見られたのは「政治への無関心」のみであった。したがって，仮説2「若年層より高齢者層のほうが政治的有効性感覚が高いだろう」は支持されたといえるが，仮説1「世帯年収が高い層のほうが，低い層より政治的有効性感覚が高いだろう」については部分的な支持にとどまった。また，政治家への不信は，他の有効性感覚と負の相関にあり，日本の有権者の間では「政治家を信頼しない」ほど「有権者の影響力を評価する」という傾向にあることがうかがえる。

　ただし政治的有効性感覚における年代差が，加齢による政治的社会化や政治的学習がもたらすものなのか，それとも世代差（コーホート差）なのかは現時点では不明である。興味深いのは，クラスター3およびクラスター4は「政治家不信」因子得点も若年層より有意に高く，「リーダーへの委任」因子得点が低いことである。つまり，中高年層の政治的有効性感覚や民主主義への参加意

表3-10　政治的有効性感覚と民主主義観の回答分布（表中の数字は％，n=1698）

	とてもそう思う	そう思う	少しそう思う	どちらともいえない	あまりそう思わない	そう思わない	全くそう思わない
選挙があるから，国民の声が政治に反映される	7.5	20.6	29.4	18.5	13.7	5.3	4.9
日本が直面している重要な政治的課題については，私はかなりよく理解している	4.3	12.1	27.1	29.7	14.6	7.4	4.8
私が投票に行っても行かなくても，政治には影響しない	6.7	8.3	22.1	25.6	17.7	11.1	8.5
政治家は当選するとすぐ，有権者のことを考えなくなる	23.6	22.9	24.0	22.3	4.7	1.2	1.4
誰が議員になるかで日本の政治は変わる	15.4	23.3	25.9	20.0	9.4	3.2	2.9
各政党や候補の政策については，私はほとんど知らない	7.0	12.3	22.9	29.4	16.4	8.7	3.3
普通の市民でも，政治にかなりの影響力を持っている	4.1	9.7	23.6	28.8	18.1	7.5	8.3
社会に関することは，有権者が決めるのが望ましい	10.4	29.0	28.6	25.1	5.2	0.7	1.1
政治のことは政治家に任せておけばよい	1.4	4.2	8.0	26.0	26.6	18.2	15.7
すぐれたリーダーがいれば，選挙や議論は必ずしも必要ないと思う	2.7	5.5	10.3	26.3	21.5	18.4	15.4
完全ではないとしても，現状では民主主義が最良の政治形態だ	9.3	28.9	26.5	25.9	5.1	2.1	2.2
民主主義よりも，優れた政治家による独裁政治のほうが良いと思うことがある	2.1	5.0	9.6	25.0	17.7	16.3	24.3

識は,「政治家が信頼できないから有権者が判断すべきだ」というロジックによるものと考えられる。対照的に若年層(クラスター2)は,「システム有効性」「政治家不信」因子得点が低く,「リーダーへの委任」「政治的無関心」の得点

表 3-11　政治的有効性感覚と民主主義観に関する因子分析結果
　　　　　（最尤法,プロマックス回転）

		因子1 システム有効性	因子2 リーダーへの委任	因子3 政治家不信	因子4 政治的無関心
Q1A_1 選挙があるから,国民の声が政治に反映される		0.782	−0.006	−0.165	−0.018
Q1B_4 完全ではないとしても,現状では民主主義が最良の政治形態だ		0.630	−0.160	0.071	0.192
Q1A_7 普通の市民でも,政治にかなりの影響力を持っている		0.611	0.034	−0.051	−0.130
Q1A_5 誰が議員になるかで日本の政治は変わる		0.553	−0.054	0.224	−0.003
Q1B_5 民主主義よりも,優れた政治家による独裁政治のほうが良いと思うことがある		−0.153	0.791	0.035	−0.083
Q1B_3 すぐれたリーダーがいれば,選挙や議論は必ずしも必要ないと思う		−0.104	0.739	0.095	0.112
Q1B_2 政治のことは政治家に任せておけばよい		0.248	0.568	−0.272	0.195
Q1A_4 政治家は当選するとすぐ,有権者のことを考えなくなる		−0.081	0.017	0.755	0.120
Q1B_1 社会に関することは,有権者が決めるのが望ましい		0.267	−0.055	0.485	0.020
Q1A_6 各政党や候補の政策については,私はほとんど知らない		0.079	0.197	0.183	0.777
Q1A_2 日本が直面している重要な政治的課題については,私はかなりよく理解している		0.341	0.217	0.167	−0.542
因子間相関	因子1	1	0.096	0.277	−0.380
	因子2	0.096	1	−0.124	0.118
	因子3	0.277	−0.124	1	−0.144
	因子4	−0.380	0.118	−0.144	1

表 3-12　政治的有効性感覚と民主主義観の多重比較

	クラスター1	クラスター2	クラスター3	クラスター4
Q1 政治的有効性因子1:システム有効性	−0.01[b]	−0.21[c]	0.08[ab]	0.24[a]
Q1 政治的有効性因子2:リーダーへの委任	0.17[a]	0.19[a]	−0.21[b]	−0.18[b]
Q1 政治的有効性因子3:政治家不信	−0.06[b]	−0.19[b]	0.20[a]	0.15[a]
Q1 政治的有効性因子4:政治への無関心	0.02[b]	0.27a	−0.07[b]	−0.29[c]

　（注）因子2は Tukey 法,その他は Dann-Bonferroni 法による多重比較検定。異なるアルファベットは平均値に有意差が見られたことを示す。

図3-2　各クラスターの「システム有効性」因子得点（平均値と95％信頼区間）

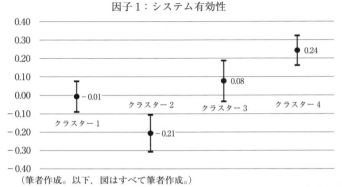

（筆者作成。以下，図はすべて筆者作成。）

図3-3　各クラスターの「リーダーへの委任」因子得点（平均値と95％信頼区間）

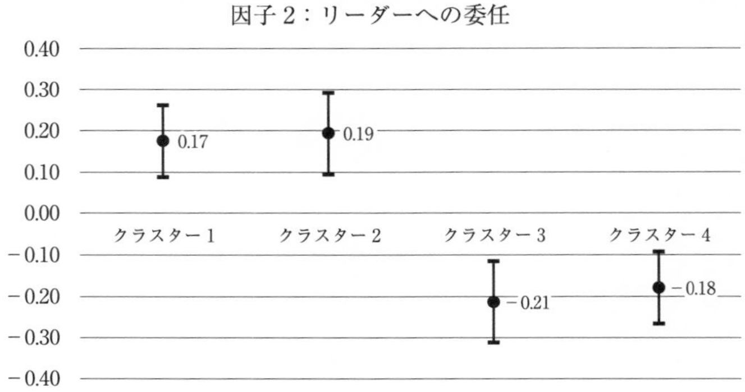

図3-4　各クラスターの「政治家不信」因子得点（平均値と95％信頼区間）

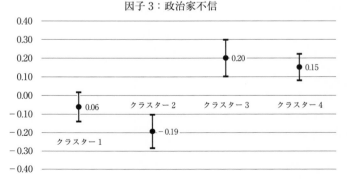

図3-5　各クラスターの「政治への無関心」因子得点（平均値と95％信頼区間）

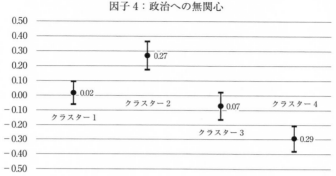

因子4：政治への無関心

が高い。「政治に関心はなく，どうせ個人がなにをしようが政治に影響は与えられないので，であるなら政治家に任せてしまおう」というロジックが若年層の間に，ある程度共有されていることが推測できる。

4-4　クラスターごとの政治的意見

　前節では，有権者の政治参加や政治的有効性感覚が，主に年齢によって大きく異なることを示した。本節では，クラスターによって政治的意見や争点の重要性に違いがみられるかどうかを検討する（RQ）。もしクラスターによって政治的な意見や重視する争点に大きな違いがあれば，政治参加や有効性感覚の差を介して，特定の層の利害が反映されにくくなっている可能性がある。

　表3-13は，13の政治的意見について，5件法でたずねた回答の分布である。これらの13項目を用いて因子分析（最尤法・Promax回転）を行ったところ，固有値1以上の基準で4つの因子が抽出された。なお，「原子力発電はすべて廃止することを目指すべきだ」「外国人労働者の受け入れを拡大するべきだ」の2項目は共通性と因子負荷量が低かったため，因子分析からは除外した。

　因子分析の結果は表3-14に示すとおりである。因子1は「日本の防衛力はもっと強化すべきだ」「日米安全保障体制をもっと強化すべきだ」などの負荷

量が高く,「防衛力」に関する因子と考えられる。因子2は「社会福祉は,財政が苦しくても極力充実するべきだ」「仕事を確保するために衰退しつつある産業を援助すべきだ」「非正規雇用者を含め労働者の発言権をもっと強化すべきだ」の負荷量が高く,「福祉・労働」に関する因子と考えられる。因子3は「政府の支出は今よりも削減すべきだ」「政府のサービスが悪くても小さな政府のほうが良い」などの負荷量が高く「小さな政府志向」に関する因子であろう。因子4は「女性をより高い地位や職業に就けるように政府は特別制度を設けるべきだ」「外国人労働者の受け入れを拡大するべきだ」の2項目の負荷量が高い。労働力の多様性志向に関する因子とも,グローバル志向に関する因子とも解釈できるが,ここでは単純に「女性・外国人」に関する因子と名付けた。

なお,これら4因子の因子間相関を見ると,因子2(福祉・労働)と因子3(小さな政府)とに中程度の相関がみられる($r=.441$)。政策的には本来,政府の機能を最小限とする代わりに税金も少なくする「小さな政府」と,福祉の充実

表3-13　政治的意見の回答分布（表中の数字は%,n=1698）

	そう思わない	あまりそう思わない	どちらともいえない	ややそう思う	そう思う
社会福祉は,財政が苦しくても極力充実すべきだ	4.2	11.1	41.0	31.2	12.5
日本の防衛力はもっと強化すべきだ	7.4	11.7	37.1	26.7	17.2
政府のサービスが悪くても小さな政府の方がよい	5.8	14.0	51.6	19.6	9.0
金権政治や政治腐敗をただすべきだ	0.9	2.5	23.0	30.2	43.5
仕事を確保するために衰退しつつある産業を援助すべきだ	5.4	12.1	42.7	30.0	9.8
日米安全保障体制をもっと強化すべきだ	5.9	11.4	50.0	22.2	10.5
非正規雇用者を含め労働者の発言権をもっと強化すべきだ	1.6	5.7	38.8	36.7	17.1
女性をより高い地位や職業に就けるように政府は特別制度を設けるべきだ	9.7	16.3	46.5	20.3	7.2
政府の支出は今よりも削減すべきだ	2.4	5.3	31.6	28.2	32.5
憲法第9条は改正すべきだ	21.0	14.3	36.3	15.3	13.1
原子力発電はすべて廃止することを目指すべきだ	11.3	12.5	32.7	19.5	24.0
外国人労働者の受け入れを拡大するべきだ	17.6	17.8	42.3	17.6	4.7
ロシアと平和条約を締結して,北方領土2島を返還してもらうべきだ	6.6	9.9	45.9	25.5	12.1

は両立しないはずであるが，有権者の間ではこの2つの価値観に相関があることは興味深い。調査時期が2019年1月と，同年10月の消費税引き上げ（8%から10%）前であり，増税への抵抗感が「小さな政府」支持を押し上げた可能性はある。

表3-14　政治的意見の因子分析結果（最尤法・Promax回転）

		因子1 防衛力	因子2 福祉・労働	因子3 小さな政府	因子4 女性・外国人
日本の防衛力はもっと強化すべきだ		0.836	0.060	-0.030	-0.131
日米安全保障体制をもっと強化すべきだ		0.714	0.046	0.095	0.067
憲法第9条は改正すべきだ		0.692	-0.066	-0.071	0.059
社会福祉は，財政が苦しくても極力充実すべきだ		-0.028	0.696	-0.142	0.043
仕事を確保するために衰退しつつある産業を援助すべきだ		0.093	0.572	-0.073	0.136
非正規雇用者を含め労働者の発言権をもっと強化すべきだ		-0.002	0.541	0.153	-0.011
政府の支出は今よりも削減すべきだ		-0.049	-0.035	0.772	0.082
政府のサービスが悪くても小さな政府の方がよい		0.086	-0.224	0.518	0.291
金権政治や政治腐敗をただすべきだ		-0.002	0.352	0.455	-0.244
女性をより高い地位や職業に就けるように政府は特別制度を設けるべきだ		-0.040	0.457	0.010	0.501
外国人労働者の受け入れを拡大するべきだ		-0.002	0.047	0.119	0.471
因子間相関	因子1	1	-0.023	-0.055	0.136
	因子2	-0.023	1	0.441	0.044
	因子3	-0.055	0.441	1	-0.211
	因子4	0.136	0.044	-0.211	1

表3-15　政治的意見の多重比較

	クラスター1	クラスター2	クラスター3	クラスター4
政治的態度因子1：防衛力	0.12[a]	0.00[ab]	-0.17[b]	0.04[a]
政治的態度因子2：福祉・労働	-0.14[b]	-0.04[b]	0.18[a]	0.06[b]
政治的態度因子3：小さな政府	-0.08[c]	-0.17[c]	0.19[a]	0.14[ab]
政治的態度因子4：女性・平等	0.08[a]	0.04[ab]	-0.09[b]	-0.07[b]

（注）Dann-Bonferroni法による多重比較検定。異なるアルファベットは平均値に有意差が見られたことを示す。

次に4つのクラスター間で、これら4つの因子得点の平均値を比較した。どれも等分散性が満たされなかったため、Kruskall-Wallis の検定で比較したところ、4つの変数すべてで帰無仮説は棄却された（p＜.001）。多重比較の結果は表3-15 に、因子得点の平均値と95％信頼区間は図3-5 〜図3-9 に示すとおりである。

「防衛力」と「福祉・労働」の因子について見ると、クラスター3が「防衛力増強に否定的」「福祉・労働者の権利を重視」という点で特徴的な傾向を示している。（ただし、因子得点による比較であるため、あくまでもクラスター間で比較

図3-6　各クラスターの「防衛力」因子得点（平均値と95％信頼区間）

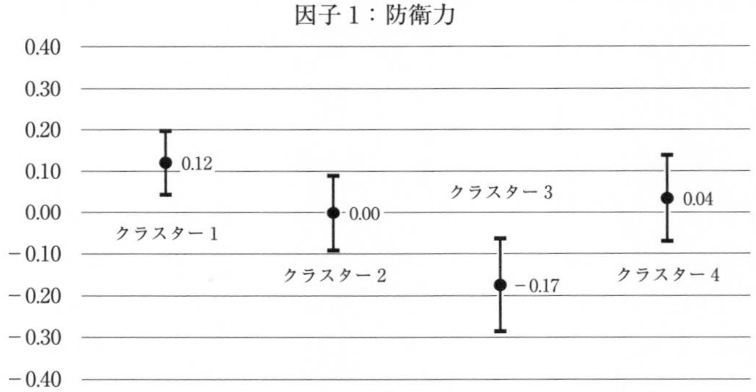

図3-7　各クラスターの「福祉・労働」因子得点（平均値と95％信頼区間）

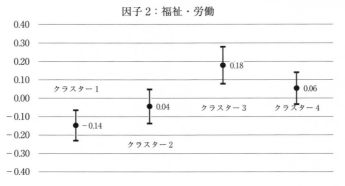

したときの相対的な傾向であることには注意する必要がある。)「防衛力」「福祉・労働」についてはいわゆる「リベラル」な傾向にあるクラスター3だが，興味深いのは，「小さな政府」志向はもっとも強く，「女性の地位向上・外国人受け入れ」についても支持的なほうではないことである。所得の再分配という観点からは，小さな政府と福祉重視の両立は難しいはずであり，「女性・外国人」は社会的な多様性自由・平等全体として「リベラル」な価値観を保持しているわけではない。

　クラスター3と対照的なのがクラスター1で，「防衛力増強に肯定的」「福

図3-8　各クラスターの「小さな政府」因子得点（平均値と95％信頼区間）

因子3：小さな政府

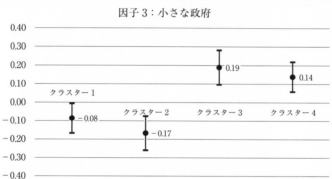

図3-9　各クラスターの「女性・平等」因子得点（平均値と95％信頼区間）

因子4：女性・平等

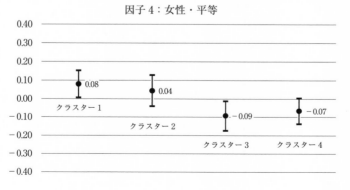

祉・労働者の権利に否定的」という傾向を持つ点では「保守的」だが，「小さな政府」志向は弱く，「女性・外国人の権利」を支持する傾向にある点では「リベラル」寄りである。より若年層のクラスター2はクラスター1と同じく「小さな政府」や「福祉・労働」についての支持が弱いが，「防衛力」「女性・外国人の権利」についてはクラスター3との中間に位置している。

　一方，クラスター4は，「防衛力」「小さな政府」ともに（他のクラスターに比べて）支持する傾向にあり，リバタリアン的な態度を示しているように見える。一方で「女性・外国人の権利」については，より若年層のクラスター1，2よりも否定的であり，リバタリアン的な自由を支持しているというわけではない。

　全体としてみると，年齢と経済状況による政治的意見の違いは，イデオロギー的な対立とは関係がない。中高年層（クラスター3，4）は経済的な自由，若年層（クラスター1，2）は社会的な自由に価値を置く傾向にあるといえるだろう。中高年層の中では，経済的に豊かな層が「防衛」を，豊かでない層が「福祉」を相対的に支持する傾向にあるようである。

4-5　クラスターごとの政治的知識と情報接触

　では，年齢や経済状況による政治的有効性感覚や政治的意見の違いは，何によってもたらされているのだろうか。本節では，クラスターごとの政治的知識と情報接触状況を検討するとともに，仮説3「世帯年収が高い層のほうが，低い層より，政治的情報により多く接触しているであろう」，仮説4「若年層より高齢者層のほうが政治的情報により多く接触しているであろう」の2つの仮説の検証を行う。

　本調査では，次の3つの項目で政治的知識を測定した。(1) 日本において，国の予算を国会に提出する権利を持つのはどこだと思いますか（選択肢：「内閣（正解）」「財務省」「与党税制調査会」「衆議院予算委員会」「わからない・忘れた」），(2) 参議院で否決された法案が衆院再審議で成立するのに必要な賛成数は次のうちどれですか（選択肢：「3分の1」「過半数」「3分の2（正解）」「4分の3」「わからない・忘れた」），(3) 現在の日本の外務大臣は誰だと思いますか（「小野寺五典」「岸

田文雄」「河野太郎（正解）」「麻生太郎」「わからない・忘れた」）。

　クラスターごとの正解率は表3-16のとおりである。全体としてクラスター4の正解率が最も高いが，Q1は制度に関する知識（Q1，Q2）よりも，政治的アクターに関する知識（Q3）で，若年層と高齢者層の間の差が目立つ。おそらくは，現役の政治的アクターに関する知識は，ニュース接触の影響を受けているためと思われる。

　クラスターごとの情報接触状況を比較するため，政治ニュースや新聞，ソーシャルメディアなど，情報接触に関する10項目（表3-17）を用いて因子分析（最尤法・プロマックス回転）を行った結果が表3-18である。固有値1以上の基準で2つの因子が抽出された。因子1はニュース接触，因子2はソーシャルメディアへの接触に関する因子と考えられる。

　さらに，クラスターごとのメディアリテラシーを比較するため，メディアリテラシーに関する項目の合成得点を作成した。信頼性分析の結果，図3-10の5項目のうち，「私は，ニュースを見ていて，わからないことがあれば調べるほうだ」「私は，疑わしいと思ったニュースは，情報源を確認するほうだ」「私は，重要なニュースは複数の情報源にあたるようにしているほうだ」「私は，ネットで見たニュースは，元の情報源を確認するようにしているほうだ」の4項目（Cronbach's a =.863）の平均値を「メディアリテラシー得点」として用いた[7]。ただし，これはあくまでも「自己評価」であることには注意する必要がある。

　4つのクラスター間で，「ニュース接触」「ソーシャルメディア利用」の因子得点，およびメディアリテラシー得点の平均値を比較した。どれも等分散性が満たされなかったため，Kruskall-Wallis の検定で比較したところ，すべて帰無仮説は棄却された（$p < .001$）。多重比較の結果は表3-19に，因子得点の平均値と95%信頼区間は図3-11～図3-13に示すとおりである。

　まず政治ニュースへの接触については，クラスターによる違いが顕著にみられた。因子得点は高年齢・高所得のクラスター4がもっとも高く，若年・低所得のクラスター2がもっとも低い。中年・高所得のクラスター1と，高年齢・低所得のクラスター3はほぼその中間である。この結果は仮説3と仮説4に整

合的である。一方，ソーシャルメディアへの接触については，若い世代のほう
が高齢者より利用率が高いという年齢の効果がみられた。

　興味深いのはクラスターによるメディアリテラシーの差である。リテラシー
の平均値は高所得のクラスター1とクラスター4で高く，所得の低いクラス
ター2とクラスター3で低かった。リテラシーは学校教育で獲得される部分も
あるので，所得と関連する学歴が影響している可能性もある。そこで，メディ
アリテラシーを従属変数，性別・年齢・世帯収入・学歴・メディア接触を独立
変数としたOLS重回帰分析を行ったところ（表3-20），学歴とメディア接触
（ニュース・SNS）の効果が有意であった。学歴が高いほど，またメディアによ
く接触している人ほどメディアリテラシー（の自己評価）が高いというのは理
解しやすい結果である。一方，世帯収入の効果も，弱いながらみられており
（p=.071），学歴やメディア接触の効果を統制しても経済状況の影響が少々残る
とすれば，情報の理解にも経済的格差が反映される可能性が否定できない。

　なお，メディアリテラシーの自己評価は，政治的有効性感覚にも影響を与え
ていた（表3-21）。

表3-16 クラスターごとの政治知識

		Q1 国の予算を国会に提出する権利を持つのは	Q2 参議院で否決された法案が衆院再審議で成立するのに必要な賛成数	Q3 現在の日本の外務大臣
クラスター1	n	182	221	277
	%	40.6%	49.3%	61.8%
クラスター2	n	122	154	182
	%	35.1%	44.3%	52.3%
クラスター3	n	127	115	200
	%	44.3%	40.1%	69.7%
クラスター4	n	175	196	295
	%	47.9%	53.7%	80.8%
全　体	n	606	686	954
	%	41.9%	47.4%	65.9%

表 3-17　情報接触状況（N=1698）

	ほぼ毎日	週に3～6日	週に1～2日	ごくたまに	全くない
テレビの政治ニュース	42.8	19.3	14.3	14.7	9.0
新聞の政治記事	27.6	15.6	13.3	19.4	24.1
インターネット上の政治ニュース	29.7	22.4	16.1	19.6	12.3
家族と政治や選挙について話す	5.0	8.1	15.8	42.8	28.3
友人と政治や選挙について話す	2.7	3.8	9.3	44.7	39.5
Twitter の利用	22.9	5.9	6.1	10.7	54.4
Facebook の利用	12.7	6.7	9.7	13.4	57.5
LINE の利用	33.9	9.8	9.1	7.4	39.8
Instagram の利用	11.1	5.1	5.8	8.4	69.6
2 ちゃんねるの利用	4.6	3.5	5.0	14.7	72.2

表 3-18　情報接触に関する因子分析結果

		因子1 ニュース接触	因子2 SNS 利用
新聞の政治に関する記事を読む		0.704	−0.094
テレビの政治ニュースや番組を見る		0.672	−0.079
メディア利用：家族と政治や選挙について話す		0.644	0.065
メディア利用：インターネット上の政治ニュースを見る		0.640	0.022
メディア利用：友人と政治や選挙について話す		0.591	0.154
Instagram の利用		−0.037	0.778
Twitter の利用		−0.092	0.721
Facebook の利用		0.055	0.648
LINE の利用		0.018	0.507
2 ちゃんねるの利用		0.103	0.457
因子間相関	因子1	1.000	0.198
	因子2	0.198	1.000

図3-10 メディアリテラシーに関する項目（N=1698 ）

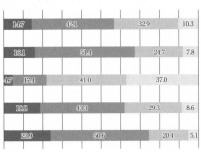

ネットで見たニュースは，元の情報源を
確認するようにしているほうだ 14.7 / 42.1 / 32.9 / 10.3

重要なニュースは複数の情報源に
あたるようにしているほうだ 16.1 / 51.4 / 24.7 / 7.8

ニュースをシェア・拡散するときには
情報源をあまり確認しないほうだ 4.7 / 17.4 / 41.0 / 37.0

疑わしいと思ったニュースは，
情報源を確認するほうだ 18.8 / 43.3 / 29.3 / 8.6

ニュースを見ていて，
わからないことがあれば調べるほうだ 23.9 / 50.6 / 20.4 / 5.1

表3-19　クラスターごとの情報接触

	クラスター1	クラスター2	クラスター3	クラスター4
ニュース接触因子得点	0.03[b]	−0.34[c]	0.06[b]	0.32[a]
ソーシャルメディア接触因子得点	0.23[a]	0.28[a]	−0.29[c]	−0.21[b]
メディアリテラシー（4項目平均値）	2.85[a]	2.65[b]	2.68[b]	2.83[a]

（注）Dann-Bonferroni 法による多重比較検定。異なるアルファベットは平均値に有意
差が見られたことを示す。

図3-11　各クラスターの「ニュース接触」因子得点（平均値と95％信頼区間）

因子1：ニュース接触

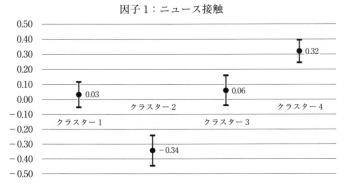

図 3-12　各クラスターの「ソーシャルメディア利用」因子得点（平均値と 95％信頼区間）

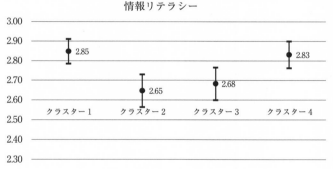

因子 2：ソーシャルメディア接触

図 3-13　各クラスターの「メディアリテラシー」因子得点（平均値と 95％信頼区間）

情報リテラシー

表 3-20　メディアリテラシー得点を従属変数とする重回帰分析結果（OLS）

	B	S. E.	β	p
性別	−0. 238	0. 134	−0. 042	0. 074
年代	−0. 021	0. 027	−0. 020	0. 447
世帯収入	0. 035	0. 019	0. 044	0. 071
学歴 3 カテゴリ	**0. 268**	**0. 084**	**0. 078**	**0. 001**
ニュース接触（因子得点）	**1. 267**	**0. 083**	**0. 400**	**0. 000**
SNS 接触（因子得点）	**0. 344**	**0. 082**	**0. 110**	**0. 000**
定数	10. 622	0. 398		0. 000
R-sq	0. 228			
N	1448			

表3-21　政治的有効性感覚を従属変数とする重回帰分析結果（OLS）

	システム有効性		リーダーへの委任		政治家不信		政治への無関心	
	β	p	β	p	β	p	β	p
性別	-0.079	0.001	-0.106	0.000	0.024	0.327	0.195	0.000
年代	0.079	0.002	-0.263	0.000	0.155	0.000	-0.109	0.000
世帯収入	-0.014	0.564	0.025	0.349	-0.040	0.119	-0.015	0.506
学歴3カテゴリ	0.059	0.013	-0.099	0.000	-0.001	0.981	-0.054	0.018
ニュース接触（因子得点）	0.330	0.000	0.117	0.000	0.169	0.000	-0.324	0.000
SNS接触（因子得点）	0.000	0.991	0.065	0.022	0.018	0.514	0.093	0.000
メディアリテラシー	0.216	0.000	-0.069	0.016	0.214	0.000	-0.229	0.000
R-sq	0.263		0.098		0.140		0.323	
N	1448		1448		1448		1448	

　「システム有効性」「政治家不信」の因子得点を従属変数とした重回帰分析では，年代（加齢），ニュース接触，メディアリテラシーが一貫して負の効果を，また「リーダーへの委任」「政治への無関心」については一貫して正の効果を示した。この結果は，加齢のほか，ニュース接触やメディアリテラシーが政治への主体的な関与を高める可能性を示唆している。

5．結　論

本研究で得られた主要な知見は以下のとおりである。

(1)　年齢と所得，資産によって4つのクラスターにわけると，高年齢・高所得のクラスターと若年・低所得のクラスターの間に政治参加で差が見られた。

(2)　若年層より高齢者層のほうが政治的有効性感覚が高い。ただし，高齢者層は政治家不信も強い。所得は政治的有効性感覚に部分的な関連しか見られない。

(3)　中高年層（クラスター3，4）は経済的な自由，若年層（クラスター1，2）は社会的な自由に価値を置く傾向にある。中高年層の中では，経済的

に豊かな層が「防衛」を，豊かでない層が「福祉」を相対的に支持する傾向にある。

(4)　政治ニュースへの接触は，年齢と所得が高いほど多くなる。一方，メディアリテラシーについては，年齢よりも所得の効果が大きい。これは，所得と学歴が相関していることによると考えられ，実質的には学校教育の影響が考えられる。

(5)　加齢のほか，ニュース接触やメディアリテラシーが政治的有効性感覚に正の効果を示していた。

以上の結果は，年齢と所得によって，政治へのかかわり方に違いが出ていることを示すものである。全体としてみると年齢の効果が大きく，高齢者のほうが政治参加も多いうえ，政治的有効性感覚も高い。さらに高所得の高齢者は，政治的情報接触やリテラシーも高水準であり，日本の政治に大きな影響力を持っている可能性がある。これに対して若年層は政治参加も活発ではなく，高齢者に比べて政治的有効性感覚や政治的情報接触も低水準である。その意味で，若年層と高齢者（とくに富裕な高齢者）との間に，一種の政治的な格差が生じている可能性がある。

ただし，ニュースメディアの利用やメディアリテラシーが政治的有効性感覚に正の効果を持つという知見は，こうした格差が一部解消可能なものであることを示している。近年，教育現場で取り組みが進んでいる主権者教育などの試みに，ニュース視聴の促進をもっと積極的に取り入れるという方向性もあるだろう。

1) https://stats.oecd.org/ を参照。
2) https://www5.cao.go.jp/j-j/wp/wp-je18/h11_data05.html を参照。これによれば，2015 年の物価を 100 としたとき，1996 年は 99.2，もっとも低い 2003 年で 91.9 である。
3) 総務省，https://www.soumu.go.jp/senkyo/senkyo_s/news/sonota/nendaibetu/
4) http://www.akaruisenkyo.or.jp/070various/071syugi/693/
5) 世帯年収については「収入なし」から「2000 万円以上」まで 17 の選択肢が用意

されていたが，分布の状況を見て 6 つのカテゴリにまとめた。また，年齢は 10 歳間隔でまとめた。資産は「所有しているものすべてを選択」する形式の設問であったため，すべて 2 値変数である。

6）クラスター数の判断に絶対的な基準はなく，投入する変数によっても分類は異なってくるため，ここで採用した 4 つのクラスターはあくまでも分類の一例である。

7）「私は，ニュースをシェア・拡散するときには情報源をあまり確認しないほうだ」という項目は除外した（この項目を含めると a =.746 となる）。おそらくソーシャルメディアを利用しない人にとっては答えにくい項目であったことが考えられる。

引 用 文 献

Birch, Sarah, Guy Gottfried, and Glenn Lodge（2013）"Divided democracy: Political inequality in the UK and why it matters." The Institute for Public Policy Research.

中央公論編集部編（2001）『論争・中流崩壊』中公新書ラクレ。

Dahl, Robert Alan（1998）"On democracy", Yale University Press.

Dawson, Richard E., Kenneth Prewitt and Karen S. Dawson（1977）"Political Socialization: An Analytic Study, 2nd ed.". Little, Brown.（＝加藤秀治郎・青木英実・中村昭雄・永山博之訳，1989,『政治的社会化—市民形成と政治教育』芦書房。）

Delli Carpini and Keeter（1996）"What Americans Know About Politics and Why It Matters", Yale University Press.

橋本健二（2018）『新・日本の階級社会』講談社現代新書。

Heap, Shaun P. Hargreaves, Jonathan H. W. Tan, and Daniel John Zizzo（2013）"Trust, inequality and the market", Theory and Decision, 74（3）: 311-333.

保髙隆之（2018）「情報過多時代の人々のメディア選択：『情報とメディア利用』世論調査の結果から」『放送研究と調査』68（12）20-45。

飯田健・松林哲也・大村華子（2015）『政治行動論』有斐閣ストゥディア。

稲増一憲・三浦麻子（2016）「『自由』なメディアの陥穽：有権者の選好に基づくもうひとつの選択的接触」『社会心理学研究』31（3）172-183。

今井亮佑（2008）「政治的知識の構造（特集 21COE-GLOPE 世論調査)」『早稲田政治経済学雑誌』370, 39-52。

蒲島郁夫（1988）『政治参加』（現代政治学叢書 6）東京大学出版会。

吉川徹（2018）『日本の分断 切り離される非大卒若者（レッグス）たち』光文社新書。

厚生労働省（2017）『平成 29 年版厚生労働白書—社会保障と経済成長』https://www.mhlw.go.jp/wp/hakusyo/kousei/17/index.html

Lipset, Seymour Martin（1959）"Some Social Requisites of Democracy:

Economic Development and Political Legitimacy", American Political Science Review, 53 (1) : 69-105.

内閣府「選択する未来」委員会（2015）『選択する未来—人口推計から見えてくる未来像 「選択する未来」委員会報告 解説・資料集』https://www5.cao.go.jp/keizai-shimon/kaigi/special/future/sentaku/index.html

小田利勝（2015）「高齢者の政治的有効性感覚と政治参加活動」『応用老年学』9 (1), 55-72。

OECD（2019）Economic Policy Reforms 2019: Going for Growth. https://www.oecd.org/tokyo/newsroom/UPDATED％20Japan_JP.pdf

太田清（2003）「日本における資産格差」（樋口美雄・財務省財務総合政策研究所編著 『日本の所得格差と社会階層』日本評論社，第 2 章所収，pp.21-43。

――――（2006）「非正規雇用と労働所得格差（特集 雇用改善の明暗）」『日本労働研究雑誌』48 (12), 41-52。

大竹文雄（2005）『日本の不平等 —格差社会の幻想と未来』日本経済新聞社。

Reich, Robert B.（2007）"Supercapitalism: The transformation of business, democracy and everyday life." Knopf.（雨宮寛・今井章子訳『暴走する資本主義』東洋経済新報社，2008）.

境家史郎（2013）「戦後日本人の政治参加」『年報政治学』64 (1)：236-255。

佐藤俊樹（2000）『不平等社会日本』中央公論新社。

Schlozman, Kay. L., Benjamin I. Page, Sidney Verba, Morris Fiorina（2007）"Inequalities of political voice."（In）L.Jacobs & T. Skocpol（Eds.）Inequality and American Democracy: What We Know and What We Need to Learn. Russell Sage.

Soci, Anna, Anna Maccagnan, and Daniela Mantonovani（2014）"Does inequality harm democracy? An empirical investigation on the UK", Quaderni - Working Paper DSE N° 935. Available at SSRN: http://ssrn.com/abstract=2419970 or http://dx.doi.org/10.2139/ssrn.2419970.

Solt, Frederick.（2008）"Economic Inequality and Democratic Political Engagement", American Journal of Political Science, 52 (1)：48-60.

鈴木創（2019）「選挙動員の有効性」『国際公共政策論集』41：1-21。

橘木俊詔（1998）『日本の経済格差—所得と資産から考える』岩波新書。

――――（2006）『格差社会—何が問題なのか』岩波新書。

Verba, Sidney, Kay L. Schlozman, and Henry E. Brady（1995）Voice and equality: Civic Voluntarism in American Politics. Cambridge, MA: Harvard University Press.

山田昌弘（2007）『少子社会日本—もうひとつの格差のゆくえ』岩波新書。

山田真裕（2016）『政治参加と民主政治』東京大学出版会。

八代尚宏（2016）『シルバー民主主義—高齢者優遇をどう克服するか』中公新書。

第 4 章
参議院における 2 度の「合区選挙」と投票率の変化
――「選挙区域の拡大」の有無がもたらした影響――

塩 沢 健 一

1. は じ め に

　2019 年 7 月に行われた参議院議員選挙は，史上 2 番目に低い 48.80％の投票率にとどまり，全体的に低調な選挙であった。明確な争点が不在だったことや，旧民主党勢力が分裂状態の中で野党共闘がややまとまりを欠いたこと，また 12 年に 1 度の「亥年選挙」にあたることなどが，全国レベルで見ると投票率低迷の要因として考えられ，都道府県別のデータで見ても，前回選挙や前々回選挙との比較において，ほぼすべての都道府県で投票率の下落が確認できる。

　そうした中でも，2 度目の「合区選挙」を経験した鳥取・島根および徳島・高知の各県にとって，投票率の伸び悩みはとりわけ深刻である。この 4 県で 2016 年に選挙区の合区が実施されて以降，2016 年は島根を除く 3 県で，2019 年は高知を除く 3 県で，それぞれ史上最低の投票率を記録し，中でも 2019 年の徳島県の投票率は 47 都道府県の中で唯一，30％台（38.59％）にまで落ち込んだ。かつては国政選挙のたびにトップクラスの投票率を誇ってきた鳥取県でさえ，2019 年はついに 49.98％まで落ち込み，国政選挙では戦後初めて 50％を切った。この事態に対しては地元紙でも，『民主主義の土台揺らぐ』との見出しで報じられるなど，合区の弊害として深刻に受け止められている（『日本海

新聞』2019 年 7 月 23 日）。

　参議院の創設以来，戦後長らく都道府県単位の選挙区が維持されてきた中での合区導入は，やはり対象県に与える影響は大きい。初の合区選挙について分析を行った塩沢（2017）でも述べているように，合区による「選挙区域の大幅な拡大」がもたらす事態として，県代表を国会に送り込む可能性が相対的に低下すること，政党や候補者にとって選挙運動の面でも大きな制約が生じること，その裏返しとして，有権者にとっても街頭演説などの形で候補者の政見や人柄に触れる機会が減少し，盛り上がりを欠く選挙戦が関心の低下に結びつくおそれがあること，などを挙げている。

　その塩沢（2017）の分析では，合区対象の鳥取・島根両県に加え，同じ中国地方の一人区であるが合区対象とはならなかった岡山県と山口県のデータも加えて，市町村レベルの投票率データをもとに分析を試み，合区実施が投票率にマイナスの影響を与えたことを示している。ただ，後に詳しく述べるように，塩沢（2017）においてはデータの整理が不十分だったことに加え，たった一度の選挙について合区導入以前の選挙との比較を交えて分析を行ったに過ぎない。合区選挙が与える影響の解明に至るには，本稿も含めた基礎的な分析の更なる蓄積が不可欠である。

　また他方で，合区導入のそもそもの発端にまでさかのぼると，「一票の格差」訴訟をめぐる最高裁の「違憲状態」判決に行き着く。一票の格差や，都市部と農村部の間における「定数不均衡」がもたらす帰結については，後述するように政治学においても古くから多くの関心が払われてきたが（宮野，1989；山田，1992；菅原，2009；小林，2012；砂原，2015；今井，2019)，一票の格差や定数不均衡に関しては総じて，農村部における過剰代表と都市部における過少代表が問題視され，利益誘導などを通じて農村部が「優遇」されてきたことが強調される。こうした先行研究は主として，衆議院における一票の格差や定数不均衡を扱っており，参議院の選挙を分析対象とする本稿の議論とは直接的な対比はできない面も多々あると思われる。ただ，農村的な性格の強い合区対象県が被る「不利益」の析出に主眼を置く本稿は，その意味で上記のような先行研究とは

異なる視点から分析を試みるものであり，先行研究の延長線上においても，新たな知見を付加できるものと考える。

本稿ではまず，各選挙時における最大格差の推移や合区対象とされた地域の反応について整理するとともに，一票の格差や定数不均衡がもたらす政治的帰結について，先行研究をもとに概観する。分析に際しては，塩沢（2017）と同様の分析枠組みを踏襲するとともに，分析対象を四国4県にまで拡張したうえで，2度目の合区選挙のデータを加味して中国地方4県，四国4県，ならびに中四国8県における市町村別投票率の分析を行う。具体的には，分析対象となる各県において多くの自治体が「平成の大合併」を経験してきたことに着目し，市町村選挙に関しては「合併」を，都道府県単位の選挙区が長年維持されてきた参院選については「合区」を，それぞれ「選挙区域の拡大」という事象として捉え，塩沢（2017）における分析上の不備を補完しながら，選挙区域の拡大が投票率に及ぼす影響について明らかにしたい。

2．「一票の格差」と「定数不均衡」

2-1 各選挙時における最大格差の推移と，合区導入後の諸アクターの反応

これまでに「一票の格差」訴訟が提起されてきた参院選に関して，各選挙時における最大格差の推移をまとめると図4-1のとおりとなる。1992年の参院選では最大格差6.59倍（神奈川県選挙区と鳥取県選挙区）にまで拡大し，その後の訴訟で参議院においては初めて「違憲状態」と判断された。それと前後して定数の見直し[1]が行われて以降は，最大格差は5倍前後で推移してきたが，都道府県を単位として選挙区を置く従来の制度を前提とする限り，都市と地方の人口格差がますます増大するなかでは，小幅な変更だけでは1票の格差の固定化は避けられない（塩沢・佐藤，2019）。そうした状況下で，合区を伴う選挙制度改革を促したのは司法の判断であった。詳細は省略するが，かつては都道府県単位で選挙区を設けることの合理性を肯定的に解してきた司法が，近年ではむしろ，都道府県単位の選挙制度が投票価値の不平等を長期にわたり固定化

図4-1　参議院の各選挙時における最大格差と最高裁判決

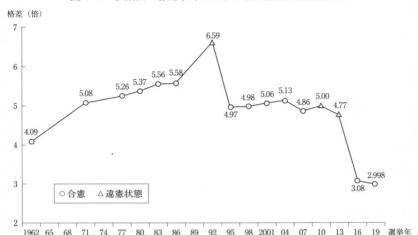

格差（倍）

（出所）塩沢・佐藤（2019）に一部データを追加

　させていることを重く見て，その結果として2010年および2013年の参院選を
めぐる2度の「違憲状態判決」に至り，選挙制度の抜本的な見直しを求めるこ
ととなった。これらの最高裁判決が直接的な契機となり，2016年に実施され
た第24回参議院議員選挙から鳥取・島根，および徳島・高知の4県で2つの
合区選挙区が設けられた[2]。図4-1からも明らかなように，合区の導入を経
て2016年および2019年の参院選では，最大格差は3倍前後まで縮小してお
り，確かに一票の格差は改善されている。
　しかし一方で，合区対象県においては，司法の判断とは異なる論理が存在す
る。合区導入が盛り込まれた2015年の公選法改正における衆参本会議での採
決に際しては，合区対象となる県選出の自民党議員の多くが欠席して抗議の意
思を示した[3]。また実際に合区選挙が行われた後も2016年7月の実施直後か
ら，合区の早期解消を求める動きが加速し始め，同月末に開催された全国知事
会議では，参議院の合区解消についても決議が取りまとめられた。その内容
は，都道府県ごとに集約された意思が参議院を通じて国政に届けられなくなる

ことを問題視すると同時に，投票率の低下など合区を起因とした弊害や，急激な人口減少問題を踏まえて，多様な地方の意見が国政の中で反映されることの必要性に言及したものである [4]。

　自民党内でも同様に，合区が導入された 4 県の県連が合区解消に向けた活動を選挙直後から見せている。4 県連は同年 8 月末，党本部に合区解消の申し入れを行い，「合区が続けば政治への関心が低下し，地方創生も絵に描いた餅になる」として，3 年後までに必ず解消するよう求め，二階俊博幹事長も「異論もないし反論もない」と応じている（『日本海新聞』2016 年 8 月 31 日）。

　その後，同年 10 月には参議院自民党が「参議院在り方検討プロジェクトチーム」を立ち上げ，合区解消案の検討を開始したが，続く 2019 年の参院選を迎えるまでに抜本的な見直しには至らず，引き続き 4 県は合区の下で参院選を行うこととなった。2 度目の合区選挙の直後となる同年 7 月 23，24 日に開催された全国知事会議では，鳥取，島根，徳島，高知の 4 県知事が緊急共同声明を発表し，投票率の大幅な低下を踏まえて「合区制度に起因して，選挙，政治が住民から縁遠くなったことによる民主主義の崩壊の証左」とするとともに，合区の弊害として，2 つの県の間で利害が対立する問題が生じた場合，国政に両県民の意思を反映することが難しくなることなどを指摘した（『日本海新聞』2019 年 7 月 24 日）。また同時に採択された決議文にも，同趣旨の内容が盛り込まれ，後に衆参両院議長らに手渡された。

　このように合区対象県や地方団体においては，合区の弊害についての切実な訴えとともに，大都市と地方の人口格差の拡大にも言及しながら，将来的には合区の対象がさらに拡大する可能性も指摘され，都道府県単位で意見集約し地方の声を国政に届けることの重要性が主張されている。

2-2　一票の格差や定数不均衡がもたらす政治的帰結

　他方で，前述したような一票の格差はあくまで，議員 1 人当たりの有権者数について最大値と最小値を比較したものに過ぎず，より深刻な影響は「定数不均衡」の問題にあるという指摘もある。この点に関しては，砂原（2015）によ

る平易な説明が分かりやすいが，日本全体でみると，高度経済成長期に農村地域から都市地域に大量の人口流出が起こり，両地域の間で有権者人口に偏りが生じたにもかかわらず，各選挙区の議員定数はこれを適切に反映せず，農村部が過大に代表されてきた。これが定数不均衡であり，一票の格差の是正で極端なところだけを変更しても，全体的な定数不均衡にはほとんど変化がないと砂原（2015）は指摘している。

　これについては菅原（2009）が，所得格差の計算で使われるジニ係数を用いて，議員の数を富と見なして衆議院議員選挙における定数不均衡の変化を計測している。詳細は省略するが，中選挙区制下で数回行われた定数是正では，一票の格差は改善されたものの定数不均衡はあまり解消しておらず，別の計算によると，農村部で強さを誇ってきた自民党は中選挙区制の時代には，定数不均衡が仮に無かった場合の議席数と比べて最大で20議席以上の「得」をしていたという。この定数不均衡は，衆議院では1990年代の選挙制度改革を通じて大幅に改善されたが[5]，参議院ではこれに匹敵する改革はこれまで行われておらず，合区の導入によって一票の格差が改善されてもなお，都市部と農村部の定数不均衡の問題は参議院では依然として残存していると言える。

　また本稿の分析との関連で言えば，これもまた衆議院を対象とした分析ではあるが，選挙区ごとの投票率の地域差に関して，「一票の重み」に着目して分析を試みた先行研究も存在する。宮野（1989）は1976年から1983年までの，山田（1992）は1979年から1986年までの，それぞれ4回分の総選挙について分析を行っており，いずれの分析においても，一票の重みが重い選挙区ほど投票率が高まる傾向が見られる。山田（1992）では本稿の分析と同様に，投票率の変動を従属変数とした分析もなされているが，やはり一票の重みが増加するほど投票率も上昇することが示されている。仮にこうした傾向が参議院の，一人区としての合区選挙区における，直近の選挙にも同様に当てはまるとすれば，2つの合区選挙区における投票率の下落は，合区対象県における一票の重みが合区によって軽くなった結果として捉えることもできる。

　本稿の分析の単位は選挙区ではなく市町村のため，同様の検証を計量分析を

通じて行うことは不可能であり，本稿ではこれ以上の踏み込んだ議論は行わない。ただ，今井（2019）が実施した「熟慮型 web 調査」の結果によれば，国政選挙のたびに提起される「一票の格差」訴訟に関心を持つ人も，重要性を認める人もさほど多くはなく，「一人一票」の原則が厳格に守られることを求める人はごく少数にとどまる。有権者個人のレベルでは，投票参加に際して「一票の重み」を考慮するような行動パターンは，そこまで顕著に見られるものではないのかもしれない。また一票の格差にしろ合区にしろ，「不利益」を受ける側だけがそのマイナス面を強く意識して，参加意欲の減退につながる（逆の立場の側は「恩恵」に対して無自覚のまま投票参加する）という構図もあるように思われる。こうした点は可能であれば，別の機会に検討することとしたい。

3．分析対象県における選挙状況

　続いて分析に先立ち，本稿において分析対象とする中四国 8 県の近年の選挙状況を，合区対象の 4 県を中心に概観しておきたい。

3-1　近年の各県・選挙区レベルの政治状況と投票率の推移

　表 4-1 は衆参両院それぞれの，本稿執筆時点における最近 4 回分の選挙状況を，塩沢（2017）の表に追記する形で選挙区ごとにまとめたものである。この表からも分かるように，中四国エリアでは衆参とも大半の選挙区で，自民党が優位な状況を保ち続けている。

　本稿で注目する 2 つの合区エリアのうち，特に鳥取・島根両県では，表に示したすべての選挙で自民党が議席を独占しており，民主党が圧勝した 2009 年の衆院選でさえ，各選挙区では自民党が議席を死守している。地方選挙のレベルで見ても，2013 年までの戦後の知事選挙を県別に分析した辻（2015）によれば，鳥取県では国政野党が知事選挙で対決姿勢を示すことは稀であり，島根県でも戦後一貫して自民党に対抗できる勢力が根付かず，国政と同様の与野党対決が知事選挙においてほとんど見られない。まさに山陰の両県は，自民党の

「牙城」と言える地域である[6]。

　また徳島・高知の両県についても，やはり自民党の強さが目立つ。特に参院選では，自民党が政権復帰して以降の最近3回の選挙で議席を独占しており，衆院選でも政権に返り咲いた2012年の選挙以降，ほぼすべての選挙区で自民党候補が勝利している。ただ，表4-1に示した時期からもう少しさかのぼる

表4-1　衆参両院：最近4回分の選挙における各選挙区の議席獲得状況

	参　院　選						参　院　選			
	2010	2013	2016	2019			2010	2013	2016	2019
鳥取	自民	自民	自民	自民		徳島	自民	自民	自民	自民
島根	自民	自民				高知	民主	自民		
岡山	民主	自民	自民	自民		香川	自民	自民	自民	自民
山口	自民	自民	自民	自民		愛媛	自民	自民	自民	無所属

		衆　院　選							衆　院　選			
		2009	2012	2014	2017				2009	2012	2014	2017
鳥取	1区	自民	自民	自民	自民		徳島	旧1区	民主	自民		
	2区	自民	自民	自民	自民			旧2区	民主	自民		
島根	1区	自民	自民	自民	自民			旧3区	自民	自民		
	2区	自民	自民	自民	自民			新1区			自民	自民
岡山	1区	自民	自民	自民	自民			新2区			自民	自民
	2区	民主	自民	自民	自民		高知	旧1区	自民	自民		
	3区	無所属	維新	次世代の党	自民			旧2区	自民	自民		
	4区	民主	自民	自民	自民			旧3区	自民	自民		
	5区	自民	自民	自民	自民			新1区			自民	自民
山口	1区	自民	自民	自民	自民			新2区			自民	無所属
	2区	民主	自民	自民	自民		香川	1区	民主	自民	自民	自民
	3区	自民	自民	自民	自民			2区	民主	民主	民主	希望
	4区	自民	自民	自民	自民			3区	自民	自民	自民	自民
							愛媛	1区	自民	自民	自民	自民
								2区	自民	自民	自民	自民
								3区	民主	自民	自民	希望
								4区	自民	自民	自民	自民

（出所）塩沢（2017）の表に一部情報を追加した。

と，山陰両県とはやや異なる特色も見えてくる。例えば高知県では，参院選で 2004 年から自民党が 3 回続けて議席を獲得できずにいた時期があることに加え，共産党のプレゼンスの高さも政治的特色として挙げられるし，徳島県についても自民党が強い点に変わりはないものの，徳島 1 区では仙谷由人が 1996 年から 5 回連続で当選しており，民主党も一定のプレゼンスを有していた（堤，2018）。また地方選挙のレベルでは，徳島県では社民党と民主党が推薦した大田正が 2002 年の知事選挙で当選するなど，他県に比べて国政野党第 1 党が存在感を示してきた一方，高知県では 1991 年の知事選挙で社会党が支持した橋本大二郎が自民党公認候補を破っているものの，その後橋本が 5 選を果たすまでの知事選で政党の存在感は乏しく（辻，2015），2019 年 11 月の知事選でようやく久々の明確な与野党対決の構図となり，保守系候補が勝利している [7]。

　しかし他方で，合区各県の県議会における党派的構成を見ると，やはり自民党の強さが改めて確認できる。戦後日本の都道府県議会における党派的構成を整理した曽我・待鳥（2007，94）をもとに確認すると，1960 年〜 2005 年の 46 年間で自民党が過半数割れを経験したのは，鳥取，島根，高知の各県でわずか数年にとどまり，徳島県では一度も過半数を割ったことがない。本稿で分析対象となる他の 4 県も同様の傾向で，岡山，香川，愛媛の各県議会はやはり，46 年間で自民党の過半数割れが一度もない [8]。すなわち，合区対象の 4 県のみならず中四国エリア全体で見ても，自民党が盤石を誇る地域であることが県議会の構成面からも理解できる。

　次に，本稿の分析において従属変数となる投票率の推移については，表 4-2 のとおりである。全国平均では 2010 年参院選と 2012 年衆院選で 50％台後半，第二次安倍政権の下で行われてきた 2013 年〜 2017 年の 4 度の国政選挙で 50％台前半，同じく安倍政権の下で実施された 2019 年の参院選で 50％を割る結果となったが，中四国 8 県においても同様に，大まかに見れば低落傾向と言えるだろう。

　ただ，合区導入前後の参院選に関して投票率の動向をもう少し丁寧に追うと，合区対象県とそれ以外の 4 県では，やや異なる推移を辿っている。図 4-2

表4-2　衆参両院：最近4回分の選挙における各県の投票率

（％）	参　院　選				衆　院　選			
	2010	2013	2016	2019	2009	2012	2014	2017
鳥取	65.77	58.88	56.28	49.98	75.30	62.92	54.38	56.43
島根	71.70	60.89	62.20	54.04	78.35	65.74	59.24	60.64
岡山	56.97	48.88	50.86	45.08	68.57	55.27	50.60	50.09
山口	61.91	50.35	53.35	47.32	71.81	60.04	53.07	55.23
徳島	58.24	49.29	46.98	38.59	70.11	57.83	47.22	46.47
高知	58.49	49.89	45.52	46.34	67.64	53.89	50.98	51.87
香川	57.71	52.08	50.04	45.31	70.33	59.04	50.56	53.08
愛媛	57.56	49.40	56.36	52.39	70.91	59.56	49.80	50.74
一人区平均	60.07	52.97	55.62	49.49				
全国	57.92	52.61	54.70	48.80	69.28	59.32	52.66	53.68

（出所）塩沢（2017）の表に一部情報を追加した。

は，表4-2の左半分に示した数値を県ごとにグラフ化し，合区対象の4県を黒色，残る4県を灰色の折れ線で示したものだが，点線で示した全国の一人区平均[9]との比較で，まず合区導入前の2010年および2013年の選挙から見ていくと，鳥取・島根の両県の投票率は顕著に高く，いずれも一人区平均より5ポイント以上高い。中でも2010年の島根県選挙区における投票率は，一人区平均を10ポイント以上も上回っており，全国で唯一の70％台を記録している。一方，残る6県の投票率は，2010年の山口県を例外として一人区平均を下回るが，平均値との差は，8県の中で2度とも投票率が最も低かった岡山県でも4ポイント程度にとどまっている。また四国4県では，2010年はいずれも57％台後半〜58％台前半，2013年は香川を除く3県ですべて49％台と，この2度の選挙で県ごとの投票率はかなり近似しており，図4-2においても折れ線は，点線で示した一人区平均のやや下方で岡山県も含めて重なり合う形となっている。

　その後，鳥取・島根と徳島・高知で合区が導入されると，2016年の参院選では，合区以外の4県のうち岡山，山口，愛媛の各県で投票率は前回と比べ

図 4-2　参院選：最近 4 回分の各県における投票率の推移

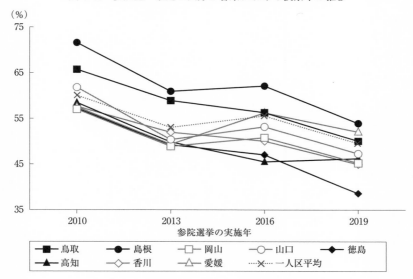

て持ち直し，平均値を下回る岡山と山口の両県でも 2 ～ 3 ポイント程度上昇したのに対し[10]，徳島・高知の両県は前回選挙からさらに下落して，全国の一人区平均との差も 10 ポイント前後まで大きく開いた。また鳥取県でも同様に下落して，投票率は一人区平均を辛うじて超えたものの，その差は 1 ポイント以内まで縮小する結果となった。

　島根県だけは，県内で抜群の知名度を誇る青木一彦が自民党公認候補だったこともあり，2016 年は投票率の面では持ちこたえ，3 年前の前回選挙より 1 ポイント余り上昇したが[11]，鳥取を地盤とする舞立昇治が自民党公認候補となった続く 2019 年の参院選では，島根でも投票率は 8 ポイント余り下落し，一人区平均との差も若干縮まった。一方の鳥取は，現職の舞立が自民党公認候補だったものの，自県の現職候補の出馬が投票率にプラスの影響を与えるまでには至らず，前回選挙と同様に投票率は全国の一人区平均をわずかに 0.5 ポイントほど上回る程度であった。他方，徳島・高知に関しては，2016 年参院選

で与野党の各候補がいずれも徳島を地盤とする者だったのに対し，2019 年の与野党対決は逆に，いずれも高知に地盤を持つ候補による事実上の一騎打ちであった。2 度の合区選挙の間でそうした選挙構図の相違もあり，2016 年から19 年にかけての投票率の変化は両県で明暗が分かれ，高知ではほんのわずかに持ち直した（45.52％→46.34％）一方，徳島では 30％台にまで落ち込み（46.98％→38.59％），平均値との差もさらに広がる形となった。

　合区対象の 4 県を中心に見ると以上のとおりで，まず元々高い投票率を誇っていた鳥取・島根両県では，2 度の合区選挙を経て投票率は低落傾向にあり，なおかつ全国の一人区平均に近づきつつあると思われる。他方で徳島・高知の両県のうち，高知県については地元から与野党の候補者が出たことにより，2019 年の参院選では投票率がわずかだが持ち直したため，合区がもたらした影響を測るうえで充分なデータがあるとは言えない。ただ少なくとも徳島県については，選挙を重ねるたびに平均値との差も大きくなり，とりわけ合区の導入以降は投票率の低下に歯止めがかからない状況と言える。

3-2　2019 年参院選の合区選挙区における選挙過程と投票結果

　次に，2 度目の合区選挙となった 2019 年参院選について，2 つの合区選挙区の投票結果を概観するとともに，2 合区のうち鳥取県・島根県選挙区における候補者擁立過程と選挙戦の状況を整理していくが，この選挙から新たに導入され注目を集めた選挙制度として，非拘束名簿式である比例代表にいわゆる「特定枠」が導入されたことが挙げられる。選挙区で候補を出せない側の県から議員を送り込むことを念頭に置いた制度改正であり，「党利党略」だとした野党のみならず，自民党内の一部からも批判の声が上がるものであった。ただ，とりわけ自民党にとっては特定枠の導入が，合区内の各県連間における候補者調整のハードルを下げるものであったと言える。しかし他方で，特定枠候補にとっては従来の選挙にはない制約を課せられることとなり，また特定枠の存在は有権者の心理にも少なからぬ影響を与えたと言える。

　そうしたことから，ここではまず特定枠導入の経緯について簡潔に整理し，

その後，2019 年参院選に関して，2 つの合区選挙区のうち鳥取県・島根県選挙区における選挙過程と結果を見ていくこととしたい[12]。

3-2-1　比例代表における「特定枠」導入の経緯

　初めての合区選挙を経験した 2016 年 7 月の参院選の直後から，対象県が中心となって合区解消を求める要望活動が開始され，同月末の全国知事会議では，一部府県の反対はあったものの合区解消を求める決議が採択された（『日本海新聞』2016 年 7 月 30 日；同年 9 月 21 日）。その翌月末には，鳥取，島根，徳島，高知の自民党 4 県連も党本部に合区解消の申し入れを行っている（『日本海新聞』2016 年 8 月 31 日）。このほか，筆者が居住する鳥取県内の動向で言えば，県内の議会では決議や意見書の可決といった動きにつながり，同年の 9 月定例議会において，県議会と県内全 19 市町村で合区解消や選挙制度の見直しを求める意見書・決議が出そろった[13]（『日本海新聞』2016 年 9 月 27 日；同年 10 月 13 日）。

　その後，同年 10 月には自民党内に合区解消に向けたプロジェクトチームが立ち上げられ，翌 2017 年 7 月には，憲法改正により選挙区選出の議員を「都道府県代表」として位置づけ，合区を解消することを柱とする報告書がまとめられた。しかしながら，憲法改正を伴う合区解消案は早期の実現が見込まれるものではなく，来たる選挙を 1 年後に控えた 2018 年 6 月初め，自民党は各党に示した公選法改正案に，「一票の格差」是正を目的とした埼玉選挙区の定数 2 増と，比例代表の定数を 4 増し，従来からの「非拘束名簿式」の例外として各党が優先的に当選者を決める「特定枠」の新設を盛り込んだ。選挙制度としての分かりにくさに加え，自民党内でも若手を中心に「定数増は国民の理解を得られない」との異論もあったものの，同年 7 月には衆参両院で改正公選法が成立し，自民党からの造反は，衆院本会議の採決時に退席した船田元のみにとどまった（『朝日新聞』2018 年 7 月 19 日）。

3-2-2　鳥取県・島根県選挙区における選挙過程と投票結果

　鳥取，島根両県では，自民党はそれぞれ改選を迎える現職議員を抱えていた。いずれも 1 期目の，鳥取が舞立昇治，島根が島田三郎であり，それぞれ石破派，竹下派に所属する議員であったが，両県間での候補者調整については舞立，島田両氏とも「対応は（両県連の）会長に一任する」と早くから発言していた（『日本海新聞』2018 年 6 月 6 日）。2018 年 8 月の時点で，鳥取・島根選挙区の候補者決定に際しては党本部の判断を仰がず，鳥取県連の石破茂，島根県連の竹下亘の両県連会長の話し合いで決めることが合意された（『日本海新聞』2018 年 8 月 7 日）。その後，翌月の自民党総裁選で石破，竹下両氏が接近する中，同年 10 月には鳥取・島根選挙区の候補者を舞立とし，島田が「特定枠」に回ることが，石破と竹下の会談で決定された。なお島田はその後，参院選を目前に控えた 2019 年 5 月に逝去したため，自民党は特定枠候補として，比例中国ブロック選出の衆院議員で島根県大田市出身の三浦靖を擁立した。

　一方の野党だが，周知のとおり，旧民主党勢力が分裂状態のまま 2019 年の参院選を迎えることとなり，野党統一候補の擁立は混迷を極めた。国民民主・立憲民主両党の県連組織自体は，鳥取・島根両県内でいずれも 2018 年中に設立されたが，前回 2016 年は鳥取側から福島浩彦を「共闘候補」として擁立していたこともあり，今回は鳥取側が島根側に候補者選定を委ね，当初は立憲と国民の島根県連，および連合島根の 3 者で候補擁立に向けた協議が行われていた（『日本海新聞』2018 年 10 月 1 日；2019 年 2 月 7 日）。しかしながら，参院選まで 3 ヶ月余りとなった 2019 年 4 月の時点でも，両県の立憲，国民の県連幹事長による会合で具体的な候補の決定には至らず[14]，翌月 18 日，中央での野党 5 党派による協議の結果，共産党が擁立していた元衆院議員の中林佳子に一本化することで大筋合意した。

　中林は野党統一候補として無所属で選挙戦に臨んだが，共産色の強さは否めず，立憲，国民両党の鳥取・島根両県連はいずれも対応を「自主投票」に決定し，民進党など野党 4 党が福島を推薦して戦った前回参院選と比べると，野党間連携には退潮ムードが漂った（『日本海新聞』2019 年 7 月 1 日）。一方，再選を

目指す舞立は，島根県側での知名度の低さから，同県内での活動に比重を置く選挙戦となったが，同じ年の4月に行われた島根県知事選が保守分裂となった影響から[15]，自民党島根県連は一枚岩の結束とはならず，加えて県連会長の竹下亘が病気療養中だったこともあり，鳥取側との連絡調整役が不在の状況であった（『日本海新聞』2019年6月29日）。

　与野党いずれの陣営も協力態勢に不安を抱える中，投票率は表4-2および図4-2でも見たように前回より大きく下げたが，表4-3にも示したように，選挙区全体で見れば舞立がダブルスコアで中林に勝利し再選を果たす結果と

表4-3　2度の合区選挙における各県の得票結果
（上半分：鳥取・島根／下半分：徳島・高知）

2016	有効投票数	青木　一彦 自由民主党	福島　浩彦 無所属	国領　豊太 幸福実現党	
鳥取県	261,337	144,727	109,743	6,867	
島根県	357,158	243,060	105,174	8,924	
合区計	618,495	387,787	214,917	15,791	
2019	有効投票数	舞立　昇治 自由民主党	中林　佳子 無所属	黒瀬　信明 N国党	
鳥取県	228,792	156,653	59,764	12,375	
島根県	298,701	171,741	107,565	19,395	
合区計	527,493	328,394	167,329	31,770	

2016	有効投票数	中西　祐介 自由民主党	大西　聡 無所属	福山　正敏 幸福実現党	
徳島県	297,032	172,010	116,134	8,888	
高知県	268,425	133,678	126,647	8,100	
合区計	565,457	305,688	242,781	16,988	
2019	有効投票数	高野　光二郎 自由民主党	松本　顕治 無所属	石川　新一郎 N国党	野村　秀邦 無所属
徳島県	230,896	116,410	83,632	21,502	9,352
高知県	273,585	137,473	118,188	12,262	5,662
合区計	504,481	253,883	201,820	33,764	15,014

なった。前回2016年の選挙では，鳥取側から立候補した野党候補の福島が，鳥取県内の得票で見れば自民党の青木に対して約3万5千票差と一定の健闘を見せたが，今回の選挙では，島根に地盤を持つ中林でさえ，島根県内の得票で見ても舞立に6万4千票余りの差をつけられた[16]。一方の舞立は，投票率が大きく下落する中でも，鳥取県内での票数では前回選挙で青木が獲得した票をやや上回り，県単独の選挙区で初当選だった2013年と比べても4千票ほどの減少にとどまった。

4．分　析

表4-3にまとめたように，2つの合区選挙区では2度の選挙でいずれも，現職の自民党公認候補が再選を果たしている。他方で表4-2や図4-2で確認したように，合区対象県では特に，投票率の落ち込みが顕著である。ここからは，合区導入前後における投票率の変動や2度の合区選挙間における変動について，合区導入以前の選挙間における投票率差に関する分析とも比較しながら，検討していくこととする。

4-1　分析上の着眼点

2016年参院選における中国地方4県のデータをもとに合区選挙の分析を試みた塩沢（2017）でも述べているように，合区の導入が投票率に対して何らかの影響を与えたことが予想される一方，合区導入により生起した諸要因を細かく分けて数値化する作業は必ずしも容易ではない。加えて，2019年の参院選を経てもなお，合区選挙は2度実施されただけに過ぎず，合区が有権者の意識や行動に与える影響を明らかにするには，未だ充分なデータが揃っているとは言い難い。

他方で，2度の合区選挙を通じて各県の有権者が直面した状況は，特に候補者の擁立状況という観点から見て少しずつ異なるものでもあった。鳥取県・島根県選挙区の場合は，2016年は自民が島根側，野党が鳥取側にそれぞれ地盤

を持つ候補だったのに対し，2019年はその逆の構図となり，一方で徳島県・高知県選挙区の場合は，2016年は与野党ともに徳島側から，2019年は与野党ともに高知側から，それぞれ候補者を立てる形となった。塩沢（2017）の分析では，「合区されたか否か」をひとつの独立変数として「合区ダミー」を用いたが，上記のような県ごとの相違についても考慮すべきと思われるため，合区対象の各県に関して地域ダミーを本稿の分析では用いることとする。

　また塩沢（2017）の分析では，本稿の冒頭でも触れたように，分析対象の市町村が「平成の大合併」を経験したかどうかという点に関心を払っている。先行研究でも明らかなように，市町村合併に伴う自治体規模の拡大によって，有権者にとっては自治体との心理的距離が広がることとなり，政治的有効性感覚の減退がもたらされるため，合併後の選挙では投票率が低下する傾向が見られる（堀内，2009；名取，2009；矢野・松林・西澤，2005）。地方レベルの選挙でこうした状況を経験した市町村の有権者ほど，合区という国政レベルでの「選挙区域の拡大」に対しても，より敏感に反応することが予想される。

　なお塩沢（2017）においては，合区導入前後の投票率差（2016年参院選−2013年参院選）と，合区が実施される以前の選挙間の投票率差（2013年参院選−2010年参院選）という2種類の従属変数に対して，合区ダミーと合併ダミーがそれぞれ異なる作用の仕方を示すというのが分析の結果であった。ただ「合区対象地域の合併自治体」であるかどうかが識別可能な分析モデルとはなっておらず，その点で分析としては不十分なものでもあった。本稿ではこれについても改善したうえで，より詳細な分析を試みる。

4-2　分析上の制約

　一方で，2019年参院選のデータを加えて分析を行うにあたっては，この選挙に付随するいくつかの特殊事情についても考慮しておかねばならない。本稿冒頭でも述べたように，全国レベルで見て明確な争点が不在の選挙だったことや，12年に1度の「亥年選挙」だったことは，多くの選挙区に共通して，投票率を押し下げる要因として何らかの形で作用したと思われる。また，前回選

挙と同様にすべての一人区で野党共闘が実現したものの，民進党の分裂後初め
ての参院選で前回と比べれば野党共闘がまとまりを欠いたことも，選挙戦の盛
り上がりを限定的なものにした可能性が考えられる。これらのうち，争点不在
の選挙であったことや旧民主党勢力が分裂状態ということについては，市町村
レベルの集計データを用いる本稿の分析では，数値化して影響を考慮すること
は容易ではないと思われる。この点にまず，本稿の分析が抱えるひとつの制約
があると考えられる。

　また今回の選挙では，2つの合区選挙区における選挙状況にも，他の一人区
との比較において前回選挙とは異なる特殊性が存在したと言える。まず，32
あるすべての一人区で野党共闘が成立したのは既述のとおりだが，2合区の野
党統一候補は形式的には無所属候補だったものの，いずれも共産党系の候補者
だった点がひとつ目の特殊要因として挙げられる。立憲や国民の各県連による
候補者擁立が不調に終わった中では，両党にとって最大の支持母体である連合
の「共産党アレルギー」もあり，組合員の投票意欲も低下したと思われる。2
合区以外では，野党統一候補が共産系だったのは福井県のみであったことか
ら，他の一人区と比較して，野党候補のバックグラウンドに関して2019年参
院選における2合区の特殊性は無視できない。

　これに加え，合区に付随するもうひとつの特殊要因として，2019年参院選
から比例代表で導入された「特定枠」の存在が挙げられる。特定枠は，合区に
より候補者を出せなかった側の県から議員を送り出すための，事実上の救済策
として導入された側面が強いが，比例で常時当選者を出しているような主要政
党であれば，特定枠候補としてノミネートされた時点で当選が確実となるた
め，その候補の支持者にとってみれば，投票参加するインセンティブは大きく
低下することにもなりうる。例えば，徳島県・高知県選挙区では，自民党は両
県それぞれに改選を迎える現職議員を抱えていたが，高知側の高野が選挙区，
徳島側の三木が特定枠に回った結果，徳島の自民党支持者の中には「地元の議
席が安泰なら選挙には行かん」との声も多かったようである（『高知新聞』2019
年7月24日）。そのうえ特定枠候補は，公選法の規定で個人としての選挙運動

が禁じられており，「私の名前は忘れて」と支持者に呼び掛ける異例の選挙戦を展開したとのことである（『東京新聞』2019 年 7 月 7 日）。特定枠の導入が生み出したこれらの選挙状況は，合区選挙区に特有の，投票意欲の低下をもたらす要因となったと思われる。

　以上のような分析上の制約を考慮すると，とりわけ 2019 年の参院選に関しては，合区という「選挙区域の拡大」が有権者の投票参加にもたらす影響を純粋に抽出することは容易ではない。ただ本稿では，それらの制約も認めたうえで，今後の研究の蓄積に向けた基礎的な分析という位置づけのもと，分析を試みることとしたい。

4-3　本稿の分析モデル

　合区実施が投票率にマイナスの影響を与えたことを示した塩沢（2017）では，合区対象の鳥取・島根両県に加え，同じ中国地方の一人区であるが合区対象とはならなかった岡山県と山口県のデータも加えて，市町村レベルの投票率データをもとに分析を試みた。本稿でも同様の分析枠組みを踏襲するとともに，分析対象を四国 4 県にまで拡張したうえで，2019 年に行われた 2 度目の合区選挙のデータを加味して分析を行う。すなわち，本稿の分析対象となるのは，中四国エリアのうち二人区である広島県を除いた 8 県である。塩沢（2017）での分析において用いた 87 の市町村および行政区[17]に，四国 4 県の 95 市町村[18]を加えた 182 の市町村・行政区が，本稿の分析に用いるサンプルの総数となる[19]。

　従属変数は塩沢（2017）の分析を踏まえて，前回もしくは前々回選挙との間における投票率差を用いる。まず，塩沢（2017）の分析の改善にあたるものとして，2016 年・13 年・10 年の参院選における選挙間での投票率差（① 2016 年−2013 年，② 2016 年−2010 年，③ 2013 年−2010 年）を従属変数とした分析を行う。これらについては，合区導入という状況変化が投票率に与えた影響を見るために，導入前後の投票率差について分析するとともに，合区が実施される以前の選挙間の投票率差についても併せて分析を試みるものである。その後，2019

年の参院選についても，前回および前々回選挙との間における投票率差（④ 2019 年-2016 年，⑤ 2019 年-2013 年）を従属変数として同様の分析を試み，また 参考として⑥ 2019 年-2010 年の選挙間における投票率差についても，併せて 分析を行う。④の分析で合区導入後の選挙間における投票率差の規定要因を見 るとともに，⑤と⑥については合区導入前後の投票率差を扱うことから，前出 の①や②の分析を補完するものとなる。

　続いて独立変数であるが，まず 4-1 でも述べたとおり，合区対象の各県に 関する地域ダミーを投入する。合区の導入それ自体が投票率に対して明示的な 影響を及ぼしているのであれば，合区導入前後の投票率差を従属変数とした分 析（前出の①・②・⑤・⑥）において，共通した傾向が見られるはずである。

　市町村レベルでの「選挙区域の拡大」を経験したか否かという観点から， 「合併ダミー」もすべてのモデルにおいて投入する。「平成の大合併」において 合併を経験した市町村を 1，「大合併」以前から単独自立を維持している市町 村を 0 とする。いわゆる「2 段階合併」を行ったかどうかは考慮しない。合併 後に政令市に昇格した岡山市については，4 つの行政区すべてで 1 としてコー ディングした。また，「合区対象地域の合併自治体」であるかどうかが投票率 の変化に与える影響を見るために，合区対象県に関する地域ダミーと合併ダ ミーとの交互作用項や，それらを一括した「合区×合併」ダミーも適宜用い る。つまり「合区×合併」ダミーは，中国地方 4 県を対象とする分析では鳥取 と島根の合併自治体を，四国 4 県の分析では徳島と高知の合併自治体を，中四 国 8 県の分析では合区対象の 4 県における合併自治体を，それぞれ 1 として コーディングし，それ以外を 0 とするダミー変数となる。

　他の独立変数に関する操作化の定義は，以下のとおりである。

　　人口増減率：平成 27 年および平成 22 年国勢調査における人口等基本集計 　　　のデータを用いる。従属変数が既出の③の場合のみ平成 17 年～ 22 年の 　　　人口増減率（％）の値を用い，他の従属変数に対しては平成 22 年～ 27 　　　年の人口増減率（％）の値を，そのまま変数として使用する。

前の参院選自民候補絶対得票率：従属変数となる投票率差を算出する際の，前回もしくは前々回選挙（⑥の場合は 2010 年参院選）に該当する参院選において各選挙区から出馬した，自民党公認候補の絶対得票率を用いる。

県議選無投票ダミー [20)]：従属変数が既出の①および②の場合は 2015 年県議選において，③の場合は 2011 年県議選において，また④・⑤・⑥の場合は 2019 年県議選において，それぞれ無投票となった選挙区に属する市町村を 1 とし，それ以外を 0 とするダミー変数。

市町村長選無投票ダミー：従属変数が既出の①および②の場合は，2016 年参院選の投票日より前に行われた直近の市町村長選挙に関して，③の場合は，2013 年参院選の投票日より前に行われた直近の市町村長選挙に関して，また④・⑤・⑥の場合は，2019 年参院選の投票日より前に行われた直近の市町村長選挙に関して，無投票だったケースを 1 とし，投票が行われた場合は 0 とするダミー変数。

2013 参院選同日選ダミー：2013 年参院選の際には，島根県飯南町と同県美郷町で町議選が，徳島県三好市で市長選が，それぞれ同日実施されている。それを考慮して，従属変数の値が 2013 年参院選と関連する①，③，⑤の場合は，飯南町，美郷町，三好市のみ 1 とする同日選ダミーを投入する。

なお，塩沢（2017）の分析では人口増減率のほかに高齢化率も併せて投入していたが，多重共線性の問題を考慮して本稿の分析では除外している。これにより，本稿の分析で用いる変数間の独立性は充分に担保されると考えるが，それでもなお，交互作用項を投入した際には多重共線性の問題は懸念される。しかしながら，後の分析でも言及するように，交互作用項に起因する多重共線性

の問題は，本稿の分析では島根県に関連する変数を投入する場合のみ生じる限定的なものであり，交互作用項を除く独立変数間においては目立った相関も確認されないことから，そうした点からも本稿の分析は充分な説得力を有するものと考える。

4-4　投票率差に関する分析
4-4-1　2016 年・13 年・10 年の 3 回の参院選を通じた分析

　はじめに，2016 年・13 年・10 年の 3 回の参院選に関して，選挙間での投票率差を従属変数とした分析から見ていく。表 4-4 ～表 4-6 はそれぞれ順に，中国地方 4 県，四国 4 県，中四国 8 県の各市町村をサンプルとした分析の結果を表したものであり，従属変数はいずれの表でも，左から順に 2016 年-2013 年の投票率差，2016 年-2010 年の投票率差，2013 年-2010 年の投票率差である。

　まず，地域ダミーから確認していく。合区導入前後の投票率差に対する影響に関して見た場合，すなわち各表の左側と真ん中に示した推定値を確認すると，鳥取，徳島，高知の各県については多くのモデルにおいて有意な負の相関を示している。また島根県についても，2016 年-2013 年の投票率差に関して言えば，表 4-4 と表 4-6 のモデル 1 でいずれも同様にマイナスの相関が見られる。一方で，合区導入以前の選挙間における投票率差（2013 年-2010 年）を従属変数とした各表の右側に示した推定結果からは，県ごとにそれぞれ状況が異なることが読み取れる。表 4-2 や図 4-2 で見た限りでは分析対象となるすべての県で，投票率は 2013 年にかけて下落しているが，表 4-4 ～表 4-6 の各表の左側や真ん中に示した推定結果と違い，合区対象の 4 県に共通した傾向が見られるわけではない。この 4 県は 47 都道府県の中では，県人口が下から数えて 4 番目までの県であるが，中四国の他の一人区の県と比較して，単純に県人口が少ないことが各市町村の投票率に影響を与えているわけではなく，3 種類の従属変数に対する地域ダミーの推定結果の相違から，やはり合区それ自体が，対象 4 県の各市町村における投票率にマイナスの影響をもたらしたと考え

表 4-4　2016 年・13 年・10 年の参院選における選挙間での投票率変化　重回帰分析（中国地方 4 県）

従属変数：	2016 参— 2013 参の差			2016 参— 2010 参の差			2013 参— 2010 参の差		
	モデル1	モデル2	モデル3	モデル1	モデル2	モデル3	モデル1	モデル2	モデル3
鳥取ダミー	-.748 ***	-.693 ***	-.675 ***	-.337 **	-.233	-.092	.391 ***	.443 ***	.529 ***
島根ダミー	-.188 **	-.061	-.098	.351 **	.959 ***	.654 ***	.321 **	.712 ***	.498 ***
合併ダミー	.028	.078	.080	-.268 **	-.092	-.086	-.279 ***	-.181 †	-.176 †
鳥取×合併		-.069			-.101			-.047	
島根×合併		-.156			-.712 ***			-.458 **	
合区×合併			-.133			-.435 *			-.252 †
前の参院選自民候補絶対得票率	-.188 **	-.205 **	-.197 **	-.388 **	-.404 **	-.391 **	-.299 **	-.300 **	-.301 **
県議選無投票ダミー	-.084	-.093	-.093	-.055	-.063	-.076	.024	.015	.016
市町村長選無投票ダミー	.020	.014	.016	-.071	-.121	-.094	.032	.009	.029
人口増減率	.051	.046	.054	-.127	-.154	-.107	-.213 *	-.184 *	-.191 *
2013 参院選同日選ダミー	-.380 ***	-.366 ***	-.371 ***				.603 ***	.636 ***	.616 ***
N	87	87	87	87	87	87	87	87	87
Adj R²	.762	.761	.764	.303	.394	.346	.577	.610	.589

*** p ＜ 0.001　** p ＜ 0.01　* p ＜ 0.05　† p ＜ 0.1
（注）表中の値は標準化係数。

表 4-5　2016 年・13 年・10 年の参院選における選挙間での投票率変化　重回帰分析（四国 4 県）

従属変数：	2016 参— 2013 参の差			2016 参— 2010 参の差			2013 参— 2010 参の差		
	モデル1	モデル2	モデル3	モデル1	モデル2	モデル3	モデル1	モデル2	モデル3
徳島ダミー	-.291 **	-.105	-.080	-.557 ***	-.369 **	-.343 **	-.302 **	-.321 †	-.345 *
高知ダミー	-.585 ***	-.338 *	-.359 *	-.751 ***	-.500 ***	-.516 ***	-.170	-.236	-.220
合併ダミー	.173 *	.426 **	.424 **	-.013	.224 *	.223 *	-.294 **	-.342 *	-.340 *
徳島×合併		-.193			-.183 †			.004	
高知×合併		-.283 *			-.266 **			.080	
合区×合併			-.323 *			-.303 **			.062
前の参院選自民候補絶対得票率	.092	.088	.093	.162	.184 †	.191 *	.101	.096	.094
県議選無投票ダミー	-.142 †	-.138 †	-.132 †	-.164 *	-.160 *	-.155 *	.060	.055	.051
市町村長選無投票ダミー	-.152 †	-.162 *	-.152 *	-.065	-.079	-.070	.038	.055	.040
人口増減率	.033	.059	.051	-.107	-.073	-.080	-.201 *	-.215 †	-.207 †
2013 参院選同日選ダミー	-.381 ***	-.371 ***	-.361 ***				.549 ***	.555 ***	.547 ***
N	95	95	95	95	95	95	95	95	95
Adj R²	.522	.547	.549	.626	.649	.651	.388	.377	.382

*** p ＜ 0.001　** p ＜ 0.01　* p ＜ 0.05　† p ＜ 0.1
（注）表中の値は標準化係数。

表4-6　2016年・13年・10年の参院選における選挙間での投票率変化
重回帰分析（中四国8県）

従属変数：	2016参—2013参の差			2016参—2010参の差			2013参—2010参の差		
	モデル1	モデル2	モデル3	モデル1	モデル2	モデル3	モデル1	モデル2	モデル3
鳥取ダミー	-.428 ***	-.330 ***	-.333 ***	-.358 ***	-.250 **	-.224 **	.161 *	.175 †	.194 *
島根ダミー	-.108 *	.012	.003	-.038	.378 **	.120	.057	.334 *	.095
徳島ダミー	-.284 ***	-.201 *	-.187 **	-.418 ***	-.333 ***	-.275 ***	-.131 *	-.122	-.095
高知ダミー	-.547 ***	-.436 ***	-.443 ***	-.651 ***	-.510 ***	-.496 ***	-.098	-.092	-.058
合併ダミー	.137 **	.268 ***	.268 ***	-.053	.130	.135	-.234 ***	-.191 *	-.187 *
鳥取×合併		-.117			-.117			-.008	
島根×合併		-.147			-.478 ***			-.313 *	
徳島×合併		-.092			-.076			-.007	
高知×合併		-.129 †			-.162 *			.009	
合区×合併			-.217 *			-.310 **			-.078
前の参院選自民候補絶対得票率	-.026	-.024	-.020	-.029	-.034	-.010	-.117	-.126	-.113
県議選無投票ダミー	-.112 *	-.117 *	-.116 *	-.079	-.081	-.083	.013	-.004	.019
市町村長選無投票ダミー	-.080	-.085	-.082	-.083	-.091	-.069	.076	.065	.075
人口増減率	.009	.023	.022	-.146 *	-.137 *	-.126 †	-.253 ***	-.243 ***	-.247 ***
2013参院選同日選ダミー	-.371 ***	-.361 ***	-.360 ***				.564 ***	.584 ***	.568 ***
N	182	182	182	182	182	182	182	182	182
Adj R²	.579	.584	.591	.405	.446	.431	.418	.425	.417

*** p < 0.001　** p < 0.01　* p < 0.05　† p < 0.1
（注）表中の値は標準化係数。

られる。

　これらのことは，合併に関連する変数に着目し比較しながら見ていくと，より明確に理解できる。先行研究でも明らかにされているように，「平成の大合併」を経験した自治体において，合併後の選挙で投票率の低下傾向が見られるのは既述のとおりだが，表4-4〜表4-6の各表の右側に示した推定値から確認すると，合併ダミーはいずれも有意な負の相関を有していることが読み取れる。分析対象となる中四国8県全体では，「大合併」の事例をすべて含む期間となる1999年3月から2014年4月にかけて，市町村数の減少率は約60％であり，合併に伴う様々な変化を経験した市町村やそこに住む有権者も多いと言えるが，少なくとも参議院での合区導入前の時点では，2010年から2013年にかけて中四国エリア全体として，合併自治体ほど参院選でも投票率が伸び悩む

傾向があったと考えられる。

　しかし一方で，合区導入前後の投票率差に対する効果を見ると，むしろ表4-5や表4-6では有意なプラスの相関が確認できる。合区導入以前の選挙間と合区導入前後の選挙間におけるこうした傾向の違いは，塩沢（2017）においてもある程度まで同様に見られたところであるが，少なくとも四国4県や中四国8県全体で見た場合には，合併が参院選の投票率にもたらしたマイナスの効果は，2013年の参院選で一服したと言えそうである。

　ただ他方で，地域ダミーと合併ダミーの交互作用項および「合区×合併」ダミーに着目すると，合区対象県の合併自治体における傾向はまた異なることが分かる。島根に関連する変数に関しては多重共線性の問題に注意が必要なため後に補足するが，表4-4～表4-6の分析から明らかなように，合区導入前後の投票率差に対しては，少なくとも県ごとに作成した交互作用項で正の相関を示すものは全くなく，また「合区×合併」ダミーは概ね有意な負の相関を示している。すなわち，同じ合併自治体であっても合区対象県においては依然として，投票意欲の低下をもたらすような状況が残存していたと考えられる。合区それ自体と合併の経験のいずれがより強く作用したか，ということまでは判別できないものの，市町村レベルと国政レベルの2度にわたって「選挙区域の拡大」を経験した自治体の有権者は，投票参加に関してより深刻な状況に直面したと言えるだろう。

　なお，表4-4と表4-6の分析では，既述のように島根に関連する変数の値を見る際にやや注意が必要となる。いずれの分析でもモデル2では，多重共線性の度合いを示すVIFを確認すると，島根ダミーと「島根×合併」ダミーに関しては5を超える高い値を示す。合区対象の4県の中では島根県が，「平成の大合併」における市町村数の減少率が67.8％と最も高く，現存する19市町村のうち15市町が合併自治体に該当することもあり，島根県内の市町村に関しては，合併の経験の有無と投票率の変動との相関を見るうえでは，やや制約が大きいと思われる。ただ他方で，中四国8県のサンプルから島根県の19市町村を除外して分析を行った場合でも，表4-6と同様の推定結果が得られる

ため，同じ合併自治体でも合区対象県とそれ以外の県との間で投票率の変動に
異なる傾向が見られる，という解釈はやはり成立しうるものと言える。

　そのほかの変数に関しては人口増減率が，合区導入以前の 2013 年-2010 年
の投票率差に対しては，いずれの分析でも有意な相関を示す一方で，合区導入
前後の投票率差を従属変数とした分析ではやや異なる傾向が見られる，という
点にも注目しておきたい。マイナスの相関を示していることから，人口減少に
苦しむ市町村，すなわち過疎や高齢化，若者を中心とした人口流出などの課題
が深刻な市町村ほど投票率は高まる，という関係性を表しており，合区導入以
前の選挙間における投票率の変動については，都市規模と投票率に関する一般
的な傾向を示すものと考えられる。しかしながら，合区導入前後の投票率差に
対しては有意性が消滅するか，表 4-6 の真ん中の分析にあるように有意水準
が低下したり，係数の値が弱まる形となる。塩沢（2017）でも触れているよう
に，2016 年の参院選では 32 あるすべての一人区で野党共闘が成立し，与野党
対決による一騎打ちの構図が有権者の関心を呼んだ面もあり，合区を除く 30
選挙区では，26 の選挙区で前回より投票率が上昇した。表 4-2 や図 4-2 から
も確認できるように，2013 年参院選との比較では，合区対象ではなかった県
では岡山，山口，愛媛各県で投票率が上昇したが，合区の 4 県ではいずれも投
票率が下落している。中四国 8 県はそれぞれに，人口減少に苦しむ自治体を多
く抱えるという共通点はあるが，与野党対決の実現によるプラスの効果と，合
区の導入に伴うマイナスの効果が打ち消しあって，各表の右側の分析とは異な
る結果が表れたと考えられる。

4-4-2　2019 年参院選にかけての投票率の変動に関する分析

　次に，2019 年参院選にかけての投票率の変動を従属変数とした分析である
が，結果は表 4-7〜表 4-9 のとおりである。いずれの表でも，左から順に
2019 年-2016 年の投票率差，2019 年-2013 年の投票率差，2019 年-2010 年の
投票率差を，それぞれ従属変数とした分析の結果を表している。

　まず各表の真ん中と右側に示した推定結果については，合区導入前後の投票

率差が従属変数となるため，表 4-4 〜表 4-6 で確認した結果を補強するもの
となる。地域ダミーに関しては，後述する個別の選挙事情も影響していると考
えられ，高知ダミーだけは有意な相関がほぼ見られないが，鳥取と徳島に関し
ては負の相関を一部もしくはすべてのモデルで示しており，合区がもたらした
マイナスの影響を，少なくともこの両県については同様に読み取ることができ
る。島根ダミーと「島根×合併」ダミーを同時に投入した際の多重共線性の問
題はここでも残り，島根ダミーの相関の表れ方はやや不安定だが，ただ 4-4-
1 での分析と同じように，島根県のサンプルを除外した中四国の 7 県のデータ
をもとに分析を行っても，表 4-9 と概ね同様の結果が得られる。

　続いて，表 4-7 〜表 4-9 の左側の分析ではいずれも，合区導入以降に行わ
れた 2 度の参院選の間における投票率差を従属変数としているため，2 度の合
区選挙を経験した中での，投票率の変動の傾向を明らかにすることが目的とな
る。地域ダミーに関しては，県ごとに相関の表れ方に違いがあることが分かる
が，これは 2 つの合区選挙区における，2016 年および 2019 年の選挙構図の相
違を反映したものと考えられる。3-1 でも既に述べたように，鳥取県・島根県
選挙区では，2016 年が島根県を地盤とする自民党現職の青木と鳥取県米子市
出身で野党統一候補として出馬した福島の一騎打ち，2019 年が鳥取県を地盤
とする自民党現職の舞立と島根出身の野党統一候補・中林による一騎打ちで
あった。一方で徳島県・高知県選挙区では，2016 年が与野党ともに徳島，
2019 年が与野党ともに高知を地盤とする候補同士の一騎打ちの構図であった。
地域ダミーの相関は鳥取と高知がプラス，島根と徳島がマイナスであるが，鳥
取と島根の相違については，2 度の合区選挙でどちらの県を地盤とする自民党
現職が出馬したか，徳島と高知の違いについては，2 度の合区選挙でどちらの
県から主要候補が出馬したかによって，それぞれ説明できると思われる。

　ただ他方で，鳥取ダミーは有意なプラスの相関を示しているものの，実際の
県平均の投票率は逆に，前回をさらに下回り戦後最低を更新している。つま
り，少なくとも鳥取県の各市町村に関しては，県全体に関わる合区の継続とい
う状況ではなく，別の要因がより強く作用して投票率を押し下げた可能性が考

表4-7　2019年参院選にかけての投票率変化　重回帰分析（中国地方4県）

従属変数：	2019参―2016参の差			2019参―2013参の差			2019参―2010参の差		
	モデル1	モデル2	モデル3	モデル1	モデル2	モデル3	モデル1	モデル2	モデル3
鳥取ダミー	.202 *	.418 **	.455 ***	-.640 ***	-.456 ***	-.401 ***	-.210 *	-.021	.129
島根ダミー	-.550 ***	-.106	-.192	-.404 ***	.022	-.087	.012	.778 ***	.466 **
合併ダミー	-.160 †	.036	.040	-.069	.107	.115	-.334 **	-.076	-.069
鳥取×合併		-.296 *			-.258 *			-.243 †	
島根×合併		-.498 *			-.523 ***			-.896 ***	
合区×合併			-.491 **			-.468 ***			-.643 ***
前の参院選 自民候補絶対得票率	.374 *	.328 *	.346 *	.037	-.011	.007	-.186	-.218 †	-.209
県議選無投票ダミー	.219 *	.147	.151 †	.134 †	.064	.070	.270 **	.157	.178 †
市町村長選無投票ダミー	-.115	-.086	-.081	-.113	-.093	-.083	-.064	-.053	-.020
人口増減率	-.178 †	-.187 †	-.168 †	-.042	-.057	-.033	-.200 †	-.243 *	-.184 †
2013参院選同日選ダミー				-.387 ***	-.344 ***	-.361 ***			
N	87	87	87	87	87	87	87	87	87
Adj R²	.393	.444	.448	.642	.698	.694	.241	.389	.338

*** p ＜ 0.001　** p ＜ 0.01　* p ＜ 0.05　† p ＜ 0.1
（注）表中の値は標準化係数。

表4-8　2019年参院選にかけての投票率変化　重回帰分析　重回帰分析（四国4県）

従属変数：	2019参―2016参の差			2019参―2013参の差			2019参―2010参の差		
	モデル1	モデル2	モデル3	モデル1	モデル2	モデル3	モデル1	モデル2	モデル3
徳島ダミー	-.562 ***	-.502 ***	-.508 ***	-.630 ***	-.418 **	-.425 ***	-.858 ***	-.656 ***	-.665 ***
高知ダミー	.449 ***	.501 ***	.509 ***	-.107	.112	.120	-.188 †	.018	.025
合併ダミー	.047	.108	.110	.198 *	.437 **	.439 ***	.045	.258 *	.260 *
徳島×合併		-.071			-.246 *			-.221 *	
高知×合併		-.047			-.218 †			-.191 †	
合区×合併			-.079			-.308 *			-.273 *
前の参院選 自民候補絶対得票率	-.155 **	-.152 *	-.154 **	.034	.027	.024	.096	.110	.107
県議選無投票ダミー	.067	.079	.081	-.039	.019	.022	-.052	-.006	-.003
市町村長選無投票ダミー	.033	.033	.032	.043	.045	.044	-.026	-.028	-.028
人口増減率	-.067	-.064	-.061	.005	.021	.024	-.085	-.064	-.062
"2013参院選 同日選ダミー"				-.338 ***	-.308 ***	-.310 ***			
N	95	95	95	95	95	95	95	95	95
Adj R²	.798	.795	.797	.553	.569	.574	.671	.686	.689

*** p ＜ 0.001　** p ＜ 0.01　* p ＜ 0.05　† p ＜ 0.1
（注）表中の値は標準化係数。

表4-9　2019年参院選にかけての投票率変化　重回帰分析（中四国8県）

従属変数：	2019参—2016参の差			2019参—2013参の差			2019参—2010参の差		
	モデル1	モデル2	モデル3	モデル1	モデル2	モデル3	モデル1	モデル2	モデル3
鳥取ダミー	.029	.170 *	.109 †	-.369 ***	-.192 *	-.234 ***	-.275 ***	-.102	-.113
島根ダミー	-.148 *	.116	-.058	-.245 ***	.029	-.089	-.210 **	.280 *	-.019
徳島ダミー	-.438 ***	-.391 ***	-.357 ***	-.565 ***	-.452 ***	-.428 ***	-.630 ***	-.513 ***	-.458 ***
高知ダミー	.527 ***	.552 ***	.615 ***	-.054	.041	.095	-.012	.109	.176 †
合併ダミー	-.043	.059	.069	.104 †	.283 ***	.291 ***	-.059	.162 †	.172 *
鳥取×合併		-.188 **			-.227 **			-.214 *	
島根×合併		-.299 **			-.329 **			-.567 ***	
徳島×合併		-.048			-.139 †			-.125	
高知×合併		.003			-.086			-.116	
合区×合併			-.180 *			-.308 **			-.377 ***
前の参院選 自民候補絶対得票率	-.094	-.106	-.087	-.021	-.037	-.014	.060	.048	.078
県議選無投票ダミー	.136 **	.103 *	.140 **	.053	.036	.063	.117 *	.088	.128 *
市町村長選無投票ダミー	.036	.039	.041	.028	.036	.036	-.052	-.049	-.043
人口増減率	-.132 *	-.128 *	-.121 *	-.049	-.039	-.028	-.137 *	-.130 †	-.111
2013参院選同日選ダミー				-.317 ***	-.290 ***	-.300 ***			
N	182	182	182	182	182	182	182	182	182
Adj R²	.798	.704	.689	.520	.548	.545	.422	.485	.461

*** $p < 0.001$　** $p < 0.01$　* $p < 0.05$　† $p < 0.1$
（注）表中の値は標準化係数。

えられる。その一因と言えそうなのは，合併の経験の有無である。表4-7や表4-9から明らかなように，「鳥取×合併」ダミーや「合区×合併」ダミーは有意な負の相関を示しており，合区導入以降の選挙間における投票率の変動に関しても，合併自治体であるかどうかが規定要因のひとつとなっている。鳥取県内19市町村のうち，10市町が合併自治体に該当するが，従属変数である2019年−2016年の選挙間の投票率差の平均は，非合併の9市町村で−2.61であるのに対し，合併自治体の10市町では−5.49と下落幅はより大きい。

　加えて，表4-7や表4-9の分析において，県議選無投票ダミーがプラスの相関を有する点にも注目しておきたい。地方選挙に関する無投票ダミーは，表4-5や表4-6では，合区導入前後の投票率差に対して負の相関を示しているが，こちらに関しては，2016年参院選に至るまでの直近の県議選や市町村長

選挙で投票の機会が無かったことが，合区されたか否かにかかわらず，その市町村における有権者の投票意欲をより減退させ，投票率にマイナスの影響を及ぼしたと考えられる。一方で，表4-7や表4-9から読み取れるように，2019年参院選にかけての投票率の変動に対してはプラスの相関であるから，直近の県議選が無投票だった市町村ほど，その後の参院選では前の参院選と比べて投票率が高まる傾向にあったことを意味している。

これについては，2019年の参院選がいわゆる「亥年選挙」だったことが関係していると思われる。表4-7～表4-9の分析における県議選のデータは，同じ年の4月に実施された統一地方選のものであるが，表4-7や表4-9の分析が示すのは，4月の県議選で選挙戦が行われた選挙区の市町村ほど，その3か月後の参院選で投票率が伸び悩む傾向があった，ということである。選挙研究の分野では「亥年現象」としてよく知られているように（石川，1995；浅野，1998），12年に1度の亥年の参院選では，同じ年の統一選で自らの選挙を終えたばかりの地方議員がその後の参院選で選挙動員を「サボる」ために，投票率が低下する。表4-7～表4-9を見ると，四国4県に限った分析では無投票ダミーは有意ではないものの，中国地方4県を中心として2019年参院選でも，亥年現象は生じていたと思われる。

このほか，前の選挙における自民候補絶対得票率の相関を見ると，中四国8県を対象とする分析では有意ではないが，表4-7と表4-8から分かるように，中国地方4県ではプラスの相関，四国4県ではマイナスの相関をそれぞれ示しており，対照的である。中国と四国それぞれにおいて，選挙区ごとの事情の相違が表れた可能性が考えられるが，亥年現象も含めて，とりわけ2019年参院選に関しては，合区の継続という状況以外の要因もより複合的に作用している可能性があり，合区導入以降に2度の選挙が行われただけに過ぎない現段階ではまだ，データは依然として不十分と言わざるを得ない。そのため，合区の「継続」が具体的にどのような影響をもたらしたかについては，本稿の分析から解明できることには限りがある。ただ少なくとも，主要候補・有力候補がいずれの県から出馬するかという選挙構図の相違は，2度の合区選挙を通じて投

票率の変動にも一定の影響を及ぼし，また，合区対象県の合併自治体では投票率の低下傾向が継続している，ということまでは明確に述べることができる。

5．まとめと含意

　本稿では，塩沢（2017）の分析におけるデータの不備を補いながら，合区という「選挙区域の拡大」が投票率に及ぼす影響について，他の諸要因も考慮に入れつつ分析を試みた。鳥取・島根および徳島・高知の各県に合区が導入されてから2度の参院選が実施された現段階では，合区導入が有権者の意識や行動に与えた影響を解明するには，依然として必要十分なデータが蓄積されているとは言えない。ただ，そうした中でも本稿の分析を通じて，合区の導入が対象県にもたらしたマイナスの影響は，より一層明示的になったと思われる。

　まず，合区導入以前に行われた2つの選挙間における投票率差（2013年-2010年）を従属変数とした分析との比較において，導入の前後に行われた選挙間の投票率差（2016年-2013年，2016年-2010年，2019年-2013年，2019年-2010年）に対しては，合区対象県に関連した地域ダミーが，多くの分析モデルで何らかの形で有意な負の相関を持つことが示された。選挙区ごとの個別事情や，島根に関連する変数が投入された際の多重共線性の問題などには留意する必要があるものの，データの制約がより大きかった塩沢（2017）の分析を改善し，中四国8県にまで分析対象を拡大してもやはり，合区の導入それ自体が対象県の投票率に与えた影響の大きさが，改めて明確になったと言える。

　また，市町村レベルでの「選挙区域の拡大」として捉えることのできる合併の経験の有無も，合区の導入以前の選挙間と，導入前後および導入以降の選挙間で見た場合には，それぞれ投票率の変動に対して異なる効果を示す。合併ダミーは，2013年-2010年の投票率差に対しては一貫して有意なマイナスの相関を示す一方，他の従属変数に対しては相関の表れ方は必ずしも一貫しない。これはすなわち，合区の導入を契機として，合併の経験がもたらす影響が（合区対象県か否かにかかわらず）各県の市町村に共通する傾向としては純粋に析出

されなくなった結果である，と解釈できる。そうであるなら分析においては，合区対象県とそれ以外の県の合併自治体を区別して扱う必要が生じる。本稿の分析ではとりわけ，合区対象県同士の相違を区別しない「合区×合併」ダミーが，合区導入以降の2度の参院選に関連する従属変数に対してはほぼ例外なく，有意な負の相関を有することが示された。合併に加えて合区という，2種類の「選挙区域の拡大」を経験したことが，市町村レベルであれ国政であれ，選挙区に対する有権者の心理的距離感の拡大を招き，投票参加に関して深刻なマイナスの影響を生じさせていると言えるだろう。

　他方で，2度目の合区選挙となった2019年参院選のデータを加味した分析においては，この選挙に固有の特殊事情が多々あるうえ，2つの合区選挙区ごとの選挙状況の相違なども投票率の変動に一定の影響を与えたと考えられるため，合区自体の影響を純粋に抽出することが容易ではない，という点に大きな制約があると言わざるを得ない。ただ，2019年のデータを含めた分析は一方で，同じ「合区」であっても鳥取・島根と徳島・高知で，それぞれに異なる文脈が存在する可能性を示唆しているようにも思われる。少なくとも，表4-2や図4-2に示した各県のデータを踏まえれば，鳥取・島根にとっての合区は，「全国的にも常時トップクラスの投票率を誇っていた地域でさえ，合区を境に一人区平均に近づく形で下落傾向にある」というものであり，徳島・高知にとっての合区は，「すでに一人区平均から乖離する形で投票率下落の傾向が表れつつあったところに，合区が追い打ちをかけた」というものである。こうした両地域ごとの相違にも留意しつつ分析を深めていくことが，今後の研究上の課題になると考えられる。

　本稿でも分析に先立って整理したように，そもそも合区が導入されたのは，いわゆる「一票の格差」を是正し，「全国民の代表」を選出するうえでの投票価値の不平等状態を見直すことが求められた結果であった。しかしながら，「都道府県代表」を国政の場に送り込めるかどうかという観点から言えば，合区の導入により新たな不平等が生じたと捉えることもできる。合区対象県における投票率の落ち込みは，そうした事態に対して各県の有権者が失望を深めた

結果とも言えるだろう [21]。「県人口の少なさ」ゆえに合区の対象となり，県代表を選出する機会が減じられるような選挙制度が民主主義にとって望ましいのかどうか，実証的な観点からも更なる検討がなされなければならない。

1）1994 年には 7 選挙区で定数の 8 増 8 減，2006 年には 4 選挙区で 4 増 4 減，2012 年にも 4 選挙区で 4 増 4 減がそれぞれ行われているが，いずれも合区のような選挙区割りの変更を伴うものではなかった。

2）合区導入に至る国会内での審議過程については，堤（2018）に詳しい。

3）2015 年 7 月 24 日の参院本会議では合区対象県選出の自民党の 6 議員（鳥取：舞立昇治，島根：青木一彦・島田三郎，徳島：中西祐介・三木亨，高知：高野光二郎）が，同 28 日の衆院本会議では 4 県が地盤の自民党議員のうち，閣僚や党執行部を除く 5 人（鳥取 2 区：赤沢亮正，徳島 1 区：後藤田正純，高知 2 区：山本有二，比例四国：福井照・福山守）が，それぞれ合区に反発し欠席した（『朝日新聞』大阪本社　2019 年 7 月 24 日；『朝日新聞』夕刊　同年 7 月 28 日；『朝日新聞』同年 7 月 29 日）。

4）なお，この決議に対しては，一部反対意見（大阪府）および慎重意見（愛知県）があったことも付記され，3 年後にまとめられた決議でもやはり両府県からは，同趣旨の意見が付されている。

5）このほか，1990 年代の選挙制度改革を経てもなお，衆議院の選挙区画定に際して採用された「一人別枠方式」が小選挙区制のもとでも定数不均衡をもたらしてきた，という見方もある。小林（2012）は，こうした不均衡が代議制民主主義のなかでもたらす「歪み」に着目して，2004 年から 2010 年の間に行われた衆参両院の選挙区における当選者について分析を行っており，選挙時に有権者に提示された選挙公約や当選後の国会活動における発言などの内容分析を通して，特定の政策分野が過剰／過少に代表されていることを，定数不均衡との関連から明らかにしている。

6）しいて言えば，かつて中海干拓事業をめぐって住民投票運動が展開された米子市など，鳥取県西部地域はリベラル色もそれなりに垣間見えるエリアだが，保守と拮抗するほどの水準とまでは言えない。

7）2019 年 11 月の知事選では，自民・公明が推薦する浜田省司が約 17 万票を獲得し当選したのに対し，立憲・国民・共産・社民が推薦し，同年 7 月の参院選でも野党統一候補として合区選挙区から出馬した松本顕治が約 11 万票を獲得し，一定の健闘を見せた。なお，高知県知事選では，橋本退任後の 2007 年に尾崎正直が初当選したのち，2011，2015 年は連続して無投票当選という状況であった。

8）本稿では分析対象としない広島の県議会もまた，46 年間で自民党の過半数割れが一度もない。

9）一人区の選挙区数は，2010 年が 29，2013 年が 31，2016 年と 2019 年が 2 つの合区を含め 32 である。

10) 香川県選挙区に関しては，全国 32 の一人区で野党共闘が実現した中で野党統一候補が唯一の共産党公認であった。民進党も独自候補擁立を目指していたものの難航し，この選挙では自主投票となった。こうした選挙状況が，投票率下落の一因となったと推測される。

11) 別の見方をすれば，知名度のある青木が再選を目指す選挙で，なおかつ他の一人区と同様に与野党候補同士の一騎打ちという構図にもかかわらず前回並みの投票率にとどまった，という捉え方もできる。

12) なお，初の合区選挙であった 2016 年の選挙過程については，鳥取県・島根県選挙区の状況は塩沢（2017）を，徳島県・高知県選挙区の状況は堤（2018）を，それぞれ参照されたい。

13) 鳥取と合区した島根県内の全議会でもこの時期に，同様の意見書などを可決している（『日本海新聞』2016 年 10 月 13 日）。

14) この時点でもなお，無所属の統一候補を必ず擁立することと，共産党とは共闘しないことを確認するにとどまった（『日本海新聞』2019 年 4 月 12 日）。

15) 2019 年 4 月の島根県知事選は，3 期務めた溝口善兵衛知事の引退に伴い新人同士の争いとなったが，自民党島根県連所属の国会議員 5 名全員が党推薦の大庭誠司を支援したのに対し，自民党県議 22 名のうち 14 名は反旗を翻し，勝利した丸山達也を支援した。この知事選をめぐり，鳥取県連会長でもある石破茂が大庭の応援にのみ入ったことへの反発も島根の自民党県議にはあったため，参院選を前に鳥取県連幹部が島根県議を訪問した際も，知事選での石破の行動に苦言を呈する場面があったという（『日本海新聞』2019 年 6 月 29 日）。

16) なお，鳥取県西部出身の舞立であるが，父が島根県江津市，母が鳥取県日野町の出身であることから，とりわけ島根県内では「鳥取と島根のハーフ」を前面に出して選挙戦に臨んでいた（『日本海新聞』2019 年 7 月 3 日）。

17) 中国地方 4 県については，分析対象の市町村数は 84 だが，その中で唯一の政令市である岡山市については 4 つの行政区単位に細分化して分析を行っているため，サンプル数は 87 となる。県ごとの内訳は，鳥取県：19，島根県：19，岡山県：30，山口県：19 である。

18) 四国 4 県のサンプル数の内訳は，徳島県：24，高知県：34，香川県：17，愛媛県：20 である。

19) なお，本稿の分析で用いる市町村別の各種データは，いずれも 2019 年 7 月時点で存在する市町村単位で集計されたものとなるが，島根県内では松江市が 2011 年 8 月に東出雲町を，出雲市が同年 10 月に斐川町を，それぞれ編入合併している。種々のデータのうち，平成 22 年国勢調査データや 2010 年参院選のデータについては，合併前の旧町単位で集計されたデータも存在するが，分析の都合上，これら旧 2 町についてはいずれも，編入先の各市のデータと合算し再計算した人口増減率や得票率等の数値を，松江市および出雲市のデータとして扱うこととする。

20) 岡山市が 2009 年 4 月に政令市に移行したのちは，同市内の県議選の選挙区は行政区単位で設置されているため，行政区ごとに変数を作成することが可能である。

21）もちろん他方では，何をもって「不平等」と捉えるかは，選挙区選出議員の位置
づけや都道府県それ自体の位置づけをどう考えるかによっても変わりうる。加え
て2-2でも整理したように，日本全体で見れば，参議院における定数不均衡の問
題は依然として解消されているとは言えない。ただ，これらの点は本稿における
議論の範囲を超えるものである。

参考文献

浅野正彦（1998）「国政選挙における地方政治家の選挙動員―『亥年現象』の謎」
　『選挙研究』第13号，120-129ページ。

堀内匠（2009）「『平成の大合併』の効果としての投票率の低下」『自治総研』368号，
　86-108ページ。

堀田敬介・根本俊男・和田淳一郎（2019）「参議院最適合区について」『選挙研究』
　第35巻第2号，86-102ページ。

今井亮佑（2019）「『一票の較差』問題に対する有権者の意識」『選挙研究』第35巻
　第2号，71-85ページ。

石川真澄（1995）『戦後政治史』岩波新書。

小林良彰（2012）「議員定数不均衡による民主主義の機能不全―民意負託，国会審
　議，政策形成の歪み」『選挙研究』第28巻第2号，15-25ページ。

宮野勝（1989）「総選挙における投票率の説明」『社会学評論』第40巻第2号，166-
　179ページ。

名取良太（2009）「政治参加に対する政府規模の効果―市町村合併は投票率を低下
　させたのか？」日本選挙学会2009年度研究会報告論文。

塩沢健一（2017）「選挙区域の拡大が投票率に及ぼす影響―鳥取・島根両県におけ
　る「合区選挙」実施を踏まえて」『選挙研究』第33巻第2号，5-20ページ。

塩沢健一・佐藤匡（2019）「選挙制度改革に伴う変化と課題」家中茂・藤井正・小
　野達也・山下博樹編著『新版　地域政策入門』ミネルヴァ書房，112-115ページ。

曽我謙悟・待鳥聡史（2007）『日本の地方政治』名古屋大学出版会。

菅原琢（2009）「自民党政治自壊の構造と過程」御厨貴編『変貌する日本政治―90
　年代以後「変革の時代」を読みとく』勁草書房。

砂原庸介（2015）『民主主義の条件』東洋経済新報社。

辻陽（2015）『戦後日本地方政治史論：二元代表制の立体的分析』木鐸社。

堤英敬（2018）「合区の下での参院選―徳島県・高知県選挙区を事例として」『香川
　法学』第37巻3・4号，23-49ページ。

山田真裕（1992）「投票率の要因分析：一九七九―八六年総選挙」『選挙研究』第7
　巻，100-116ページ。

矢野順子・松林哲也・西澤由隆（2005）「自治体規模と住民の政治参加」『選挙学会
　紀要』第4号，63-78ページ。

第 5 章
選挙過程の理論
——市場としての選挙——

三 船　　毅

1. はじめに

　民主主義国家では選挙により代表者が選出される。これは議会制を基礎とした民主主義を構成する基本的原理の１つである。選挙は国家および地方レベルまで存在するが，その根幹は政党・候補者が政策を訴え，有権者は彼らの政策を比較検討して，どの政党・候補者の政策が自分の利益に適うのかを計算して投票することである。合理的有権者はこのような利益の計算を通して政党・候補者への支持を形成するのである[1]。このような選挙はまさに民主主義の理念としての選挙であるし，政党間競争の研究，公共選択論が想定する基本的枠組みでもある。このような理念的選挙は，実際の選挙でも当てはまる部分は存在する。しかし，実際の選挙ではこれだけではすまない。政党・候補者は利益団体など支持団体のことも考慮するし，それら配下の有権者に投票を依頼する。いわば政党・候補者は有権者を動員するのである。したがって，理念的な選挙と実際の選挙の間には大きな隔たりが存在する。この隔たりを作り出す最大の要因は，民主主義の根幹である選挙というシステムが，本来的には有権者の自発的，主体的政治参加を前提としているにも関わらず，政党・候補者，利益団体などが有権者を動員することであり，有権者も私的な利益を過度に追求し政党・候補者の動員に応じるからである。

現代では，有権者の全てが選挙に対して主体的，能動的に対応する状況には
ない。無関心な有権者も少なからず存在するし，いわゆる現代的無関心層が増
加しつつあると考えられる。しかし，この有権者を動員しようとする政党・候
補者の行動が過度になると，民主主義的な選挙からの逸脱を招くことになる。
政党は政策を公約・マニフェストとして有権者に提示して訴える。有権者は政
党・候補者の提示する政策を比較検討して，効用最大化を計りつつ投票する。
つまり選挙は政策と投票を交換する市場として，これまでに多くの選挙競争の
分析で用いられてきた。ただし，その殆どはダウンズ的な中位者投票定理に基
づく理論的分析である。これらのモデルは，有権者が自身の政策選好に近い政
党に投票することにより均衡がもたらされるという決定論的モデルであるか，
または確率論的モデルである。これらのモデルでは政党と有権者が政策と投票
を交換することを前提としているにも関わらず，政党と有権者が政策と投票を
交換する動態の記述は限定的である。本稿の意図はこの動態を描写して，市場
としての選挙がいかなる機能を内包しているのかを明らかにすることである。

公共選択論は完全競争市場は合理的であるとして，その効率性を評価してき
たが，政治という市場は失敗しており非効率的であることを誇張してきたと考
えられる（Wittman, 1995=02, 5 頁）。ウイットマンは政治という市場の非効率性
に対して疑問を抱き，公共選択論で取り上げられてきた政治の非効率性に対し
て効率性の存在を検証している（Wittman, 1995=02）。理想的な完全競争市場に
おいては，アダム・スミスが論じたように「神の見えざる手」により均衡がも
たらされるかもしれない。では，選挙という市場ではいかなる均衡がもたらさ
れるのであろうか。完全競争市場のアナロジーからは，選挙における均衡は，
単純に政党の勝敗だけでなく，政党・候補者の行為を民主的かつ合理的に規定
する何らかのメカニズムが存在すると考えられる。本稿は，交換理論を公共選
択理論の枠組みから再構築したコールマン（Coleman, 1973, 1990=06）のモデル
を援用して，政党・候補者が競争し有権者の票を獲得する競争のメカニズムを
明らかにする。

2．交換理論に基づく行為の線型モデル

2-1　政党と有権者の交換

　政党が有権者の投票をいかにして獲得し，選挙で勝利するのかという理論モデルの分析は，政党間競争，空間理論など幾つかの名称があるが，その嚆矢はダウンズであろう。ダウンズ（Dowans, 1957），そしてウィットマン（Wiitman, 1973）の政党間競争のモデルは，その後の研究を長らく規定してきたといえる。エネロウとヒニチ（Enelow and Hinich, 1984, 1990），ローマー（Roemer, 2006）など多くの研究は彼らのモデルを踏襲しており，政党間競争，空間理論は，政治学では選挙・投票行動研究の分野で，経済学では公共選択論として発達してきた。しかし，これらのモデルは基本的には決定論的もしくは確率論的に政党の政策位置に対して有権者が投票することを描いた理論モデルである。したがって，政党・候補者が有権者に提示する政策と有権者の投票の交換過程はブラックボックスとなる。有権者の1票と政党・候補者が示す政策は等価値なのであろうか。有権者が合理的であるならば，自分の1票で選挙結果が変わることがないとことに気付いているであろう。よって，自分の1票と政策の交換比率は，自分が支持する候補者が勝利すれば大きくなるし，敗北すれば小さくなる。そのような選挙過程を描くには，はやり選挙における政策と投票の交換過程を精緻に描くことのできるモデルが必要である。

　そもそも，政党間競争，選挙の空間理論では，政党の政策と有権者の投票が選挙で交換されることを想定してきたのである。ミューラー（Muler, 1989=93, 3頁）は，公共選択論における研究を概括して，「(1) 一般的経済理論と同じ行動仮説（合理的で功利主義的な諸個人）を設定し，(2) 選好顕示プロセスを市場に準えて記述する」として，そこでは「投票者は政治的交換をする」ものと論じている。したがって，経済学が市場での交換過程を詳細な理論分析から明らかにし，市場の制度設計に援用してきたように，選挙という政治的交換過程を明示的にすることから交換のメカニズムを明らかにして，政党の勝敗だけでな

く民主主義における選挙の本質的部分に迫ることが可能と考えられる。

　本稿では選挙を完全競争市場とみなして，2つの政党または候補者と有権者からなるモデルを構築し理論的分析から選挙の均衡に内在する論理を明らかにする。また，可能な限りモデルの一般化も行う。市場における経済的交換を基礎に，社会学で論じられてきた社会的交換を適用したのがコールマン（Coleman. 1973, 90＝2006）である。社会的交換においては可分財だけでなく不可分財も交換の対象とされる。よって，政党の政策などの不可分財も扱うこが可能となる。政党が保有する交換対象の財は，政策としての公約，マニフェストである。有権者が保有する交換対象の財は自分自身の1票である。この2つの財の交換により選挙過程における均衡でいかなる勢力分布，つまり勝敗になるのかを分析し，その背後に在るアクターの行為の論理から民主主義における選挙が内包するメカニズムの一端を明らかにする。選挙過程は，政党・候補者が有権者の1票を巡り争いながら勢力を拡大させていく状況と捉えることができる。よって，権力（勢力）発生のメカニズムを理論的に分析したエマーソン（Emerson, 1972）や，その延長にある高橋・山岸（1993）の理論モデルも援用可能であろう。しかし，彼らの研究の焦点はモデルにおけるアクターが保有するネットワークの形状であるから，一般的な政治的志向性の弱い有権者と政党の関係を記述するのにはむかないであろう。政党・候補者と大多数の有権者の繋がりを特定化して交換ネットワークをモデル化するのは，本稿では時期尚早かもしれない。そこで，本稿では交換ネットワークの形状にとらわれること無く分析できるモデルの1つとして，コールマンの「行為の線形システムモデル」（Coleman, 1990, pp. 667-746）を援用して，選挙という市場での交換をモデル化して理論的分析に用いる。

2-2　交換理論による競争的均衡

　まず，コールマンによる「行為の線形ステム」（Coleman, 1990, pp. 667-746）の概要を捉える。「行為の線形ステム」とは，n人のアクターとm個の財もしくは事象からなるようなシステムにおける各アクターによる競争的均衡，つま

り各アクターの勢力を導出するものである。このシステムは，アクターの財・事象に関わる制御能力，利害関心の 2 つから構成される。財はアクターの所有する財であり，事象はアクターが関心を持つ行為などである。たとえばアクターが政党であるならば事象は，政党が主張する「政策」や「有権者の投票」である。各アクターは各財・事象に対して自由に処分できる 1 組の制御能力を完全競争市場に持ち寄り，各アクターは各財・事象に対する制御能力を利害関心にしたがい交換して効用最大化を図り競争的均衡が導出されるのである。まず各構成要素の関係を概観する。

　第 1 にアクターの制御能力である。

$$c_{ij} \equiv \text{アクター } i \text{ の財・事象 } j \text{ に対する制御能力。}$$

$$i = 1, \ldots, n \quad j = 1, \ldots, m \text{ である。}$$

　c_{ij} は各財・事象に対する制御能力の合計が 1.0 となるように，任意の尺度で定められている。つまり，

$$\sum_{i=1}^{n} c_{ij} = 1.0 \tag{1}$$

である。

　第 2 にアクターの利害関心である。

$$x_{ji} \equiv \text{アクター } i \text{ の財・事象 } j \text{ に対する利害関心。}$$

$$j = 1, \ldots, m \quad i = 1, \ldots, n \text{ である。}$$

　x_{ji} は，アクター i の利害関心の合計が 1.0 となるように，任意の尺度で定められている。

　つまり

$$\sum_{j=1}^{m} x_{ji} = 1.0 \qquad (2)$$

である。

行列の表記では，

$$\mathbf{C} = \|c_{ij}\| = \begin{pmatrix} c_{11} & \cdots & c_{1m} \\ \vdots & \ddots & \vdots \\ c_{n1} & \cdots & c_{nm} \end{pmatrix} \qquad n \text{ 行} \times m \text{ 列の行列である}$$

$$\mathbf{X} = \|x_{ji}\| = \begin{pmatrix} x_{11} & \cdots & x_{1n} \\ \vdots & \ddots & \vdots \\ x_{m1} & \cdots & x_{mn} \end{pmatrix} \qquad m \text{ 行} \times n \text{ 列の行列である}$$

となる。各行列において i はアクターであり，j が財（事象）である。よって，$\sum c_{ij} = 1.0$ と $\sum x_{ji} = 1.0$ は各行列で各列の和が 1.0 である。

c_{ij} は財（事象）j に対するアクター i の制御能力である。競争的均衡において，個々の財（事象）は 1 つだけの価格（price）を持つ。つまり，その価格とは財が全ての取引において交換されるときのレート（交換比率）である。したがって，新しい（マクロレベル）の概念として財（事象）の価値（value）として v_j が存在することになる。

$v_j \equiv$ システム内の財 j の価値，または財 j が交換されるときのレート。

$$\mathbf{V} = \|v_j\| = \begin{pmatrix} v_1 \\ \vdots \\ v_m \end{pmatrix} \qquad m \text{ 行} \times 1 \text{ 列のベクトル}$$

アクター i のリソース（資源）の総価値は，彼が保有している各財の価値の合計である。つまり，$c_{ij} v_j$ はアクター i の事象 j に対して保有している制御能力の価値総量であり

$$r_i = \sum_{j=1}^{m} c_{ij} v_j \qquad r_i \text{はアクター } i \text{ の総価値} \qquad (3)$$

である。r_i はアクター i の勢力ともみることができる。

　それぞれのアクターは，自身のリソースの制限を条件として，自分の効用の最大化を行うのである。

$$\max U(c_{i1}, \ldots, c_{im}), \quad \text{ただし } r_i = \sum_{j=1}^{m} c_{ij}v_j \text{の制約を条件とする。}$$

また，制約は $\sum c_{ij} = 1.0$ と $\sum x_{ji} = 1.0$ もある。

　効用最大化はラグランジュ乗数法を用いることにより行われる。ラグランジュ関数は，式（4）である。

$$\mathbf{L} = \prod_{j=1}^{m} c_{ij}^{x_{ji}} + \lambda\left(r_i - \sum_{j=1}^{m} c_{ij}v_j\right) \tag{4}$$

　最大化は $\mathbf{L}$ を λ とそれぞれの c_{ij} で偏微分して，ゼロとすることによりなされる[2]。

　そして，$m + 1$ 個の方程式を解けばよい。方程式は以下の形になる[3]。

$$\frac{x_{ji}}{c_{ij}^*}U_i - \lambda v_j = 0, \qquad j = 1, \ldots, m$$

$$r_i - \sum_{j=1}^{m} c_{ij}^* v_j = 0 \tag{5}$$

　ここで c_{ij} のアスタリスク（*）は c_{ij} の均衡値があることを示している。

　式（5）において v_i で j 番目の方程式を割る（除する）。そして，先に存在している $m - 1$ 番目の方程式から $j = m$ 番目の方程式を引くことにより，先の $m - 1$ 番目の式は式（6）となる[4]。

$$\frac{x_{ji}}{c^*_{ij}v_j}U_i - \frac{x_{mi}}{c^*_{im}v_m}U_i = 0 \tag{6}$$

　式（6）は限界効用の比率 $(x_{ji}/c_{ij})\, U_i$ が価値の比率に等しいことを意味している。価格の比率は市場可能性線（予算制約線）の傾きであり，限界効用の比率は限界代替率に等しい。そして，限界代替率は最大値において市場可能性線

の傾きと等しい。全てのアクターが効用最大化するとき，アクター i によって均衡において保持されるリソース j の量は，式（6）を U_i で割ることにより見つかり，結果は

$$\frac{x_{ji}}{c^*{}_{ij}v_j} = \frac{x_{ki}}{c^*{}_{ik}v_k} \tag{7}$$

と書かれる。

　この式は全ての $j = 1,\ldots, m-1$ で保持されるから，式（7）で表される。式（7）において両辺の分母を掛けて，j（財・事象）について合計すれば，次のようになる。

$$c^*{}_{ik}v_k \sum_{j=1}^{m} x_{ji} = x_{ki} \sum_{j=1}^{m} c^*{}_{ij}v_j$$

しかし，式（2）より，$\sum_{j=1}^{m} x_{ji} = 1.0$ であり，式（3）より $\sum_{j=1}^{m} c^*{}_{ij}v_j = r_i$ であるから，上記の式は

$$c^*{}_{ik}v_k = x_{ki}r_i \tag{8}$$

となる。式（8）は，アクター i の勢力，財（事象）k の価値と，財（事象）k に対するアクター i の利害関心の観点から，競争的均衡（最終的制御能力）において保持される c_{ik} の量を定義している。

　式（8）は式（9）として書かれる。

$$c^*{}_{ik} = \frac{x_{ki}r_i}{v_k} \tag{9}$$

　$\mathbf{D}_r$ を r_i（アクター i の勢力）を対角要素とする $n \times n$ の対角行列，$\mathbf{D}_v$ を v_j（財または事象 j の価値）を対角要素とする $m \times m$ の対角行列として，2つの対角行列を定義することにより，式（9）は次に示す式（9*）として行列表記される。

$$\mathbf{C}^* = \mathbf{D}_r \mathbf{X}' \mathbf{D}_v^{-1} \tag{9*}$$

$\mathbf{C}^*$ は c_{ij} の行列であり，i の j に対する均衡としての最終的制御能力である。式（9）は，それぞれのタイプのアクター間における競争的均衡での財（事象）の配分を与える。

これまでの展開において，財（事象）v_k の価値の概念は，アクターの勢力（制御能力）の概念として，つまりアクターにより所有される全ての財（事象）の価値の総計（式（3））として，導入されていた。式（9）によって，価値はアクターの利害関心，富または勢力の関数として表記されることができる。式（9）の両辺に v_k を掛けて i について総和をとれば，（$\sum_{i=1}^{n} c^*_{ik} = 1.0$ より）式（10）が与えられる。

$$v_k = \sum_{i=1}^{n} x_{ki} r_i \tag{10}$$

システム内における価値の総量は，全てのアクターの勢力の総計，または財（事象）の価値の総計として表されようとなかろうと恣意的であり，収支の単位である。簡単にするために，価値の総量を 1.0 と固定する。そのために恣意的に導入するの価値のスケールを

$$\sum_{i=1}^{n} r_i = \sum_{j=1}^{m} v_j = 1.0 \tag{11}$$

とする。r_i はアクターの勢力，v_j は財（事象）の価値である。

もし，このモデルに，制御能力と利害関心の初期の配分のデータが適用されるならば，競争的均衡は式（9）の r_i の代わりに式（3）の右辺を用いることにより見つけられる。

$$v_k = \sum_{i=1}^{n} x_{ki} \sum_{j=1}^{m} c_{ij} v_j \tag{12}$$

式（12）の右辺の v_j は $1 \sim m$ を用いて計算する必要がある。よって，左辺の v_k の添え字 k は $1 \sim k \sim m$ であり，任意の財を表すために k としてある。式（12）は行列表記では

$$\mathbf{v} = \mathbf{XCv} \qquad (12^*)$$

となる。式 (12) と式 (12*) を比較できるように式を展開して示しておく。

$$
\begin{pmatrix} v_1 \\ v_2 \\ \vdots \\ v_m \end{pmatrix}_{m\times 1}
=
\begin{pmatrix} x_{11} & x_{12} & \cdots & x_{1n} \\ x_{21} & x_{22} & \cdots & x_{2n} \\ \vdots & \vdots & \ddots & \vdots \\ x_{m1} & x_{m2} & \cdots & x_{mn} \end{pmatrix}_{m\times n}
\begin{pmatrix} c_{11} & c_{12} & \cdots & c_{1m} \\ c_{21} & c_{22} & \cdots & c_{2m} \\ \vdots & \vdots & \ddots & \vdots \\ c_{n1} & c_{n2} & \cdots & c_{nm} \end{pmatrix}_{n\times m}
\begin{pmatrix} v_1 \\ v_2 \\ \vdots \\ v_m \end{pmatrix}_{m\times 1}
$$

$$
=
\begin{pmatrix} x_{11} & x_{12} & \cdots & x_{1n} \\ x_{21} & x_{22} & \cdots & x_{2n} \\ \vdots & \vdots & \ddots & \vdots \\ x_{m1} & x_{m2} & \cdots & x_{mn} \end{pmatrix}_{m\times n}
\begin{pmatrix} c_{11}v_1 + c_{12}v_2 + \cdots + c_{1m}v_m \\ c_{21}v_1 + c_{22}v_2 + \cdots + c_{2m}v_m \\ \vdots \\ c_{n1}v_1 + c_{n2}v_2 + \cdots + c_{nm}v_m \end{pmatrix}_{n\times 1}
$$

$$
=
\begin{pmatrix}
x_{11}(c_{11}v_1 + c_{12}v_2 + \cdots + c_{1m}v_m) + x_{12}(c_{21}v_1 + c_{22}v_2 + \cdots + c_{2m}v_m) + x_{1n}(c_{n1}v_1 + c_{n2}v_2 + \cdots + c_{nm}v_m) \\
x_{21}(c_{11}v_1 + c_{12}v_2 + \cdots + c_{1m}v_m) + x_{22}(c_{21}v_1 + c_{22}v_2 + \cdots + c_{2m}v_m) + x_{2n}(c_{n1}v_1 + c_{n2}v_2 + \cdots + c_{nm}v_m) \\
\vdots \\
x_{m1}(c_{11}v_1 + c_{12}v_2 + \cdots + c_{1m}v_m) + x_{m2}(c_{21}v_1 + c_{22}v_2 + \cdots + c_{2m}v_m) + x_{m2}(c_{n1}v_1 + c_{n2}v_2 + \cdots + c_{nm}v_m)
\end{pmatrix}_{m\times 1}
$$

$$
=>
\begin{pmatrix}
v_1 = \sum_{i=1}^{n} x_{1i} \sum_{j=1}^{m} c_{ij}v_j \\
v_2 = \sum_{i=1}^{n} x_{2i} \sum_{j=1}^{m} c_{ij}v_j \\
\vdots \\
v_m = \sum_{i=1}^{n} x_{mi} \sum_{j=1}^{m} c_{ij}v_j
\end{pmatrix}
$$

m 個の財 (事象) からなるシステムでは，式 (12) の形の $m-1$ 個の独立した方程式が存在する。$\mathbf{X}$ と $\mathbf{C}$ は既知であると仮定されているから，これらの方程式は式 (11) を用いて，m 個の v_k について解かれるのである。そのとき，既知の v_k を用いて，式 (3) がアクターの勢力 r_i を見つけるのに用いられることができる。最後に式 (9) は，全ての i と k についての均衡 c_{ik}^* における制御能力分布を見つけるのに用いられる。

式 (3)，式 (9)，式 (10) は「行為の線形システム」を表している。完全競争市場における「行為の線形システム」は，マクロからミクロへの推移，そしてミクロからマクロへの推移でどのような仮定がなされるのかをとりわけ明らかにする。マクロレベルにおいて最初に存在しているものは，どのように交換が起こるのかについての確かな前提 (仮定)，そして社会とコミニュケーションの構造についての確かな前提 (仮定) に加えて，財に対するアクターの制御

能力の分布とアクターの財に対する利害関心の分布である。

2-3　モデルの使い方：$\mathbf{C}$ と $\mathbf{C}^*$ による計算

式 (1) （$\sum_{i=1}^{n} c_{ij} = 1$：アクター i の財・事象 j に対する制御能力），式 (3) （$r_i = \sum_{j=1}^{m} c_{ij} v_j$：アクター i の価値総量），式 (9) （$c_{ik}^* = \frac{x_{ki} r_i}{v_k}$：アクター i の事象 k に対する均衡における制御能力），式 (10) （$v_k = \sum_{i=1}^{n} x_{ki} r_i$）で定義された量を用いて残りの数量を計算することは可能である。3つの行列 $\mathbf{C}$，$\mathbf{X}$，$\mathbf{C}^*$ は，それぞれ初期の制御能力の行列，利害関心の行列，均衡した制御能力の行列である。

$$\mathbf{C} = \|c_{ij}\| は n \times m \text{ 行列}$$

$$\mathbf{X} = \|x_{ji}\| は m \times n \text{ 行列}$$

もし最初のデータが $\mathbf{C}$ または $\mathbf{C}^*$ と，$\mathbf{X}$ に与えられたならば，各アクターの勢力 r_i と各財（事象）の価値 v_j の分布を計算することができる。データが $\mathbf{C}$ と $\mathbf{X}$ から構成されているならば，アクターの勢力と財の価値を計算することができるだけでなく，$\mathbf{C}^*$ を計算することができる。しかし，もしデータが $\mathbf{C}^*$ と $\mathbf{X}$ から構成されているのであれば，スタートポイントとなる $\mathbf{C}$ の値は多く存在するのであるから，現在のスタートポイントは未確定となる。$\mathbf{C}$ と $\mathbf{C}^*$ からスタートして，式 (3)，式 (9)，式 (10) を用いて $\mathbf{r}, \mathbf{v}, \mathbf{X}$ を計算することもできる。では，$\mathbf{X}$ と $\mathbf{C}$ を用いた計算を示す。

式 (3) または式 (10) は行列表記で

$$\mathbf{r} = \mathbf{CXr} \tag{13}$$

または

$$\mathbf{r} = \mathbf{XCV} \tag{14}$$

と書かれる。

式 (13) は　　両辺から $\mathbf{r}$ を引いて，$\mathbf{r\text{-}r} = \mathbf{CXr\text{-}r}$

$$\mathbf{0} = \mathbf{CXr\text{-}r} \tag{15}$$

両辺に -1 を掛けて $\mathbf{0} = \mathbf{r\text{-}CXr}$

$$\mathbf{0} = (\mathbf{I} - \mathbf{CX})\mathbf{r} \tag{16}$$

と書くことができる。よって，式（16）を **r** について解けばよい。$(\mathbf{I} - \mathbf{CX})$ に逆行列が存在すれば簡単であるが，逆行列が存在しなければムーア・ペンローズ型の一般逆行列を用いることも可能である。また別の方法として，式（16）は m 個の式に分解されるが，それらには１次従属の関係がある。よって，その中の１つの式を除去して，代わりに制約 $r_1 + r_2 + , ..., + r_m = 1$ を用いて連立方程式として解くことにより各 r_i を求めることもできる。

3．政党と有権者の交換

3-1　交換による政党の勢力拡大

　では，前節のコールマンの「行為の線形システム」を用いて，選挙過程を再現してみる。モデルの理解を容易にするために，２つの政党（候補者）と１人の有権者からなるモデルを考える。もちろん，選挙は多数の有権者により投票が行われるが，ここでは２つの政党と１人の有権者による政治的交換により，１つの政党が勝利する条件を導出する。ここで選挙全体での勝敗は，２つの政党と１人の有権者からなる政治的交換の集合として決定されるとする。しかし，これは別の解釈も成り立つ。たとえば，有権者集団を１つの行為主体と見做して分析することである（久慈，1988，119頁）。だが，この考え方は厳密には方法論的個人主義に反する。コールマンの理論体系は方法論的個人主義に依拠しており，個人行為の集積が社会を構築する，つまり行為のミクロからマクロへのリンクを描こうとしているのである。しかし，このようなモデリングも歴史的には便宜的に使われてきた。よって，部分的にはこのような解釈も用いる。

　本節では，コールマン（Coleman, 1990=2006）におけるモデルの添え字の表記を彼の1973年の *"Mathematics of Collective Action"* にしたがい，i と j の内容を入れ替えて用いる。つまり，i を事象として j をアクターとして，行列を転置する。なぜならば，**C** と **X** で各行の和を１とした方が直感的に理解しやすいからである。この転置により，以下では行列の積 **CX** が重要な役割を果たす。

　選挙の勝敗は最終的な均衡の下での各党の勢力の値で決まる。有権者を1人としたとき，有権者の勢力が最大になれば，それは棄権を意味することにする[5]。しかし，有権者を集団としてみると他の有権者が全て棄権するとは限らないのであり，他の有権者ではどちらかの政党の勢力が大きくなる場合があるから，総計としてはいずれかの政党の勝利が決まるとする。

　では，モデルを構築する。アクター (j) は政党 A，政党 B，有権者の3者である。3者が交換する財としての事象 (i) は，政党 A の政策，政党 B の政策，有権者の投票である。これら3つの事象に対して3者は，それぞれに利害関心と制御能力を保有する。これらを行列表記で示すと以下のようになる。

$$\|c_{ij}\| = \mathbf{C} = \left(\begin{array}{ccc} c_{11} & c_{12} & c_{13} \\ c_{21} & c_{22} & c_{23} \\ c_{31} & c_{32} & c_{33} \end{array}\right) \begin{array}{l} \text{政党 } A \text{ の政策} \\ \text{政党 } B \text{ の政策} \quad \text{事象} \quad (m \times n \text{ 行列}) \\ \text{有権者の投票} \end{array} \tag{17}$$

（アクター：政党 A，政党 B，有権者）

$$\|x_{ji}\| = \mathbf{X} = \left(\begin{array}{ccc} x_{11} & x_{12} & x_{13} \\ x_{21} & x_{22} & x_{23} \\ x_{31} & x_{32} & x_{33} \end{array}\right) \begin{array}{l} \text{政党 } A \\ \text{政党 } B \quad \text{アクター} \quad (n \times m \text{ 行列}) \\ \text{有権者} \end{array} \tag{18}$$

（事象：政党 A の政策，政党 B の政策，有権者の投票）

　$\mathbf{C}$ は各アクター (j) の事象 (i) に対する制御能力である。$\mathbf{X}$ は各アクター (j) の事象 (i) に対する利害関心である。$\mathbf{C}$ の要素 c_{11} は，政党 A の政策に対して政党 A が保有する制御能力の割合である。c_{12} は政党 A の政策に対して政党 B が保有する制御能力の割合，c_{13} は政党 A の政策に対して有権者が保有する制御能力の割合である。c_{21}，c_{22}，c_{23} は同様に政党 B の政策に対して政党 A，政党 B，有権者が保有する制御能力の割合である。c_{31}，c_{32}，c_{33} に関しては注意してみておく必要がある。c_{31} は有権者の投票に対して，政党 A が保有する制御能力である。c_{32} は有権者の投票に対して，政党 B が保有する制御能力である。よって c_{31} と c_{32} は政党 A と政党 B が有権者を動員できる制御能力である。当然これは有権者の支持による動員も含まれる。c_{33} は有権者の投票に対して，有権者自身が保有する制御能力である。つまり，有権者が自分自身で投票か棄権かを制御する能力である。これは x_{3i} の分布に依存することになる。

このc_{ij}に関しては式（1）の制約がある。ただし，i, jの内容を入れ替えて式（19）としておく。

$$\sum_{j=1}^{3} c_{ij} = 1 \qquad (19)$$

ただし，もう1つ制約を加えておく。それは各政党は自分自身の政策に，有権者は自分自身の投票に対して最も高い制御能力を保有しているということである。これは当然の仮定である。政党が自分の政策よりも有権者の動員に対して高い制御能力を保有していると仮定するならば，それは政党の自己否定であるし，完全競争市場としての選挙，理念的民主主義における選挙とは相容れないのである。よって，$c_{11} > c_{12} \gtreqless c_{13}$，$c_{22} > c_{21} \gtreqless c_{23}$とする。また有権者も$c_{33} > c_{31} \gtreqless c_{32}$とする。

Xは各アクター（j）の各事象（i）に対する利害関心である。x_{11}は政党Aが政党Aの政策に対して保有する利害関心の割合である。x_{12}は政党Aが政党Bの政策に対して保有する利害関心の割合である。x_{13}は政党Aが有権者の投票に対して保有する利害関心の割合である。ただし，後の例でみるようにx_{12}はゼロであるかもしれない。選挙戦の最中では相手の政策から利益を得ることはないし，政策は変更しないと考えられる。x_{21}，x_{22}，x_{23}は同様に政党Bが政党Bの政策，政党Aの政策，有権者の投票に対して保有する利害関心の割合である。x_{22}もx_{12}と同様にゼロであると考えられる。x_{31}，x_{32}，x_{33}は注意してみておく。x_{31}は，有権者が政党Aの政策に対して保有する利害関心の割合である。x_{31}の値が相対的に大きければ，有権者は政党Aに投票する可能性が高く，政党Aの勢力を拡大させることになる。x_{32}は，有権者が政党Bの政策に対して保有する利害関心の割合である。x_{32}の値が相対的に大きければ，有権者は政党Bに投票する可能性が高く，政党Bの勢力を拡大させることになる。x_{33}は，有権者が有権者自身の投票に対して保有する利害関心の割合である。x_{33}の値が相対的に大きければ，有権者は政党A，Bに対して投票する可能性が低く，両党の勢力を拡大させることにはならない。つまり有権者は棄権する可能性が高くなる。ただし，c_{3j}の分布でc_{31}，c_{32}が大きくなれば動員さ

れる可能性は高くなる。

有権者を集合体としてみたときには，x_{31} は政党 A を支持する有権者の割合，x_{32} は政党 B を支持する有権者の割合であり，x_{33} は支持政党の無い無党派層の有権者の割合である。ただし，この場合も c_{3j} の分布で，c_{31}，c_{32} が大きくなれば動員される可能性はある。

この x_{ji} に関しても式（2）の制約がある。ただし ij の内容を入れ替えてあるので式（20）とする。

$$\sum_{i=1}^{3} x_{ji} = 1 \tag{20}$$

では，この $\mathbf{C}$ と $\mathbf{X}$ からいかにして交換の均衡が導出されるのかを示す。コールマンの *"The Foundation of Social Theory"* のモデルよりも，1973 年のモデルの概要（三隅，*1990，39-40* 頁）では容易に示されているので，それを援用する。

事象 i の価値を v_i とすると，アクター j が事象 i に対して保有している制御能力の価値総量は $v_i c_{ij}$ となる。$v_i c_{ij}$ は選挙という市場で，アクター j が供給する事象 i の供給量である。このときアクター j の勢力 *(Power)* を r_j とすると，r_j は全ての事象 i についての $v_i c_{ij}$ 和をとればよいのであり，

$$r_j = \sum_{i=1}^{3} v_i c_{ij} \tag{21}$$

となる。

所与の事象 i の価値 v_i のもとでの，アクター j の事象 i に対する制御能力の市場（選挙）に対する供給量は $v_i c_{ij}$ であるから，アクター全員の事象 i に対する制御能力の総供給量を S_i とすると，

$$S_i = \sum_{j=1}^{3} v_i c_{ij} = v_i \tag{22}$$

となる。

各アクターは自分が供給する制御能力の価値総量以上のものを交換により獲得することはできない。よって，各アクターは全ての事象に対する制御能力の

供給量，つまり r_j と同じ制御能力の価値総量を利害関心にしたがって各事象に比例配分することになる。

各アクターにとって制御能力の需要量を決めることは，所与の価値のもとで決まる勢力をいかに効率的に各事象に配分するかということと同じ問題となる（三隅，1988，40頁）。よって，総供給量と総需要量が等しくなる点が均衡であるから，均衡を求めるためには，総需要量を定義しておく必要がある。所与の価値 v_i のもとでアクター j の事象 i に対する制御能力の需要量は $x_{ji}r_j$ と定義される。v_i を全てのアクターについての総和をとることにより事象 i に対する総需要量がもとまる。総需要量を D_i とすると，

$$D_i = \sum_{j=1}^{3} r_j x_{ji} = \sum_{j=1}^{3} x_{ji} \sum_{i=1}^{3} v_i c_{ij} \tag{23}$$

と定義される。各アクターの勢力 r_j を求めるには，前節の式（3）$r_i = \sum_j^3 c_{ij} v_j$ と式（10）$v_j = \sum_i^3 x_{ji} r_i$ において，i と j を置き換えると $r_j = \sum_i^3 v_i c_{ij}$ と $v_i = \sum_j^3 r_j x_{ji}$ であるから，$r_j = \sum_j^3 r_j \sum_i^3 x_{ji} c_{ij}$ となる。よって，

$$\mathbf{r} = \mathbf{XCr}$$

$$\mathbf{r} - \mathbf{r} = \mathbf{XCr} - \mathbf{r}$$

$$\mathbf{0} = (\mathbf{XC} - \mathbf{I})\mathbf{r} \tag{24}$$

となる。つまり，事象 i の価値 v_i は，事象 i に対する制御能力の総供給量 S_i と総需要量 D_i のバランスにより変化するから，v_i を時間 t で微分した $\dfrac{dv_i}{dt} = k(D_j - S_j) = 0$ のときに均衡となる（三隅，1988，40頁）。よって $D_i = S_i$ から $\mathbf{0} = (\mathbf{XC} - \mathbf{I})\mathbf{r}$ となる。

3-2　政党の勢力拡大──勝利と利害関心・制御能力の関係

政党は式（24）で定義された勢力 r_j をいかにして拡大させて，選挙という市場で勝利できるのであろうか。ここでは政党 A がもっとも勢力を拡大させるための条件を求めてみる。$\mathbf{XC}$ の対角要素は，各アクターが自分自信で保有する利害関心に対する制御能力である。よって，各アクターは $\mathbf{XC}$ の対角要素

を最大化することにより勢力 r_j を最大化することができると考えられる。ただし，各政党の c_{ij} は選挙戦開始の段階で既定となっているし，有権者も選挙戦の過程で大きく支持を変化させることはない。よって，各アクターは **X** の配分を変化させることによって **XC** を変化させ r_j を大きく変化させることができると考えられる。では政党 A が利害関心をいかに配分することにより **XC** を変化させることができるのかを考察する。

　政党 A の利害関心は $(x_{11}\ x_{12}\ x_{13})$ の行ベクトルであり，制御能力は $(c_{11}\ c_{21}\ c_{31})$ の列ベクトルである。これらの積を

$$f(x_{1i}) = x_{11}c_{11} + x_{12}c_{21} + x_{13}c_{31} \tag{25}$$

とする。式 (25) は各事象に対する政党 A の利害関心が政党 A 自身の制御の下に置かれている割合である。ちなみに $x_{11}c_{12} + x_{12}c_{22} + x_{13}c_{32}$ は政党 A の各事象に対する利害関心が政党 B の制御の下に置かれている割合である。そして $x_{11}c_{12} + x_{12}c_{22} + x_{13}c_{32}$ は政党 A の各事象に対する利害関心が有権者の制御の下に置かれている割合である。したがって，政党 A は式 (25) を $x_{1i} \geq 0$, $c_{i1} \geq 0$, $\sum_i x_{1i} = 1$ の制約の下で最大化することにより，自分の利害関心が自身の制御下に置かれる割合を最大化することができる。つまり $\max_{1i} f(x_{1i})$ の条件を $x_{1i} \geq 0$, $c_{i1} \geq 0$, $\sum_i x_{1i} = 1$ の制約下で求めることになる。$x_{11} + x_{12} + x_{13} = 1$ は x_{11}, x_{12}, x_{13} の3つの軸からなる空間において $x_{11} = 1$, $x_{12} = 1$, $x_{13} = 1$ を通る3角形の平面である。$f(x_{1i}) = x_{11}c_{11} + x_{12}c_{21} + x_{13}c_{31}$ はこの $x_{11} + x_{12} + x_{13} = 1$ の下側で原点の近くに位置する三角形の平面である（図5-1参照）。$\max_{1i} f(x_{1i})$ は図5-1の三角形の c_{11}, c_{21}, c_{31} のなかの値の組み合わせとなる。したがって，$\max_{1i} f(x_{1i})$ を求めるには，c_{11}, c_{21}, c_{31} の大小関係から図5-1の $f(x_{1i})$ の三角形が制約 $x_{11} + x_{12} + x_{13} = 1$ より $\max_{1i} f(x_{1i}) = 1$ となる場合を考えればよい。c_{11}, c_{21}, c_{31} の大小関係は順列として6通りあるが，$x_{11} + x_{12} + x_{13} = 1$ の制約より，c_{i1} が x_{11}, x_{12}, x_{13} のいずれかと一致するときに $\max_{1i} f(x_{1i}) = 1$ となるから，$c_{11} > c_{21} \gtreqless c_{31}$, $c_{21} > c_{11} \gtreqless c_{31}$, $c_{31} > c_{11} \gtreqless c_{21}$ を考えればよい。

図5-1 政党 *A* による **XC** の最大化

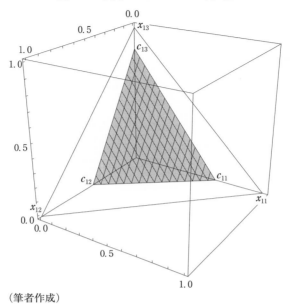

（筆者作成）

よって，$\max\limits_{1i} f(x_{1i})$ の $\triangle c_{11}c_{21}c_{31}$ が $c_{11} > c_{21} \gtreqless c_{31}$ の場合は $x_{11}=1$ で $\max f(x_{i1})$ $=1$ と な る。$\max\limits_{1i} f(x_{1i})$ の $\triangle c_{11}c_{21}c_{31}$ が $c_{21} > c_{11} \gtreqless c_{31}$ の 場 合 は $x_{13}=1$ で $\max f(x_{i1})=1$ となる。$\max\limits_{1i} f(x_{1i})$ の $\triangle c_{11}c_{21}c_{31}$ が $c_{31} > c_{11} \gtreqless c_{21}$ の場合は x_{13} $=1$ で $\max f(x_{i1})=1$ となる。しかし，政党 *A* が最も制御能力を高く保有する のは「政党 *A* の政策」に他ならず，$c_{11} > c_{21} \gtreqless c_{31}$ の場合であるから，$x_{11}=1$ のときに $\max f(x_{1i})=1$ である。

　したがって，政党 *A* が **XC** を最大化するのは，制御能力が最も高い事象「政 党 *A* の政策」に対して利害関心を最大に配分することである[6]。

3-3　政党の勢力拡大：利害関心の配分による勢力拡大

では，政党Aが制御能力が最も高い事象に利害関心を集中させることによりr_iを大きくすることが可能なのかを検証する。

勢力r_iを求める式は，

$$\begin{pmatrix} r_1 & r_2 & r_3 \end{pmatrix} \left[\begin{pmatrix} x_{11} & x_{12} & x_{13} \\ x_{21} & x_{22} & x_{23} \\ x_{31} & x_{32} & x_{33} \end{pmatrix} \begin{pmatrix} c_{11} & c_{12} & c_{13} \\ c_{21} & c_{22} & c_{23} \\ c_{31} & c_{32} & c_{33} \end{pmatrix} - \begin{pmatrix} 1 & 0 & 0 \\ 0 & 1 & 0 \\ 0 & 0 & 1 \end{pmatrix} \right] = 0 \quad (26)$$

である。

この式は

$$\begin{pmatrix} r_1 & r_2 & r_3 \end{pmatrix} \begin{pmatrix} \sum_i x_{1i}c_{i1} - 1 & \sum_i x_{1i}c_{i2} & \sum_i x_{1i}c_{i3} \\ \sum_i x_{2i}c_{i1} & \sum_i x_{2i}c_{i2} - 1 & \sum_i x_{2i}c_{i3} \\ \sum_i x_{3i}c_{i1} & \sum_i x_{3i}c_{i3} & \sum_i x_{3i}c_{i3} - 1 \end{pmatrix} = 0 \quad (27)$$

であるから，3つの式が導出される。

$$r_1 \left(\sum_i x_{1i}c_{i1} - 1 \right) + r_2 \left(\sum_i x_{2i}c_{i1} \right) + r_3 \left(\sum_i x_{3i}c_{i1} \right) = 0 \quad (28)$$

$$r_1 \left(\sum_i x_{1i}c_{i2} \right) + r_2 \left(\sum_i x_{2i}c_{i2} - 1 \right) + r_3 \left(\sum_i x_{3i}c_{j3} \right) = 0 \quad (29)$$

$$r_1 \left(\sum_i x_{1i}c_{i3} \right) + r_2 \left(\sum_i x_{2i}c_{i3} \right) + r_3 \left(\sum_i x_{3i}c_{i3} - 1 \right) = 0 \quad (30)$$

これらの3つの式には1次従属の関係がある。制約条件は

$$r_1 + r_2 + r_3 = 1 \quad (31)$$

であるから，式（28），式（29），式（30）のなかから1つの式を除去して，制約条件の式（31）を加えた連立方程式を解けばr_1, r_2, r_3は求めることができる。本節の目的は，政党Aがr_1を拡大させる条件を求めることであるから，式（28）で$\sum_i x_{1i}c_{i1} - 1 = \alpha - 1$, $\sum_i x_{2i}c_{i1} = \beta$, $\sum_j x_{3i}c_{j1} = \gamma$とおいて，

$$r_1(\alpha - 1) + r_2\beta + r_3\gamma = 0 \tag{32}$$

として，式（32）から，政党 A が勢力 r_1 を拡大させる条件を考察すればよい。

式（32）は，図5-2で表すことができ，$r_1 + r_2 + r_3 = 1$ という制約を示す平面の下に位置する平面である。式（32）の平面は r_1 軸では $z_1 = \alpha - 1$，r_2 軸では $z_2 = \beta$，r_3 軸では $z_3 = \gamma$ に位置することになる。よって式（32）を制約の下で $\alpha - 1$ を変化させることにより，r_1 の値を最大化することができることを検証する。

式（32）より

$$r_1(\alpha - 1) + r_2\beta + r_3\gamma = 0$$

$$r_1 = \frac{r_2\beta + r_3\gamma}{1 - \alpha} \tag{33}$$

図5-2　政党 A による勢力の最大化

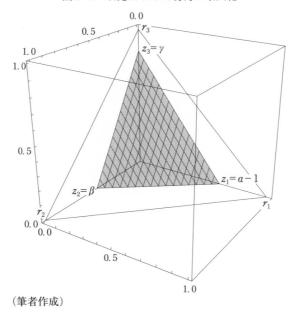

（筆者作成）

よって，αを大きくすればr_1は大きくなり勢力は拡大する。また，式（32）の（$\alpha-1, \beta, \gamma$）は△$z_1 z_2 z_3$の法線ベクトルでもある。したがって，$\alpha-1$はαが大きい方が$r_1 = 1$に近づくことになり，αが大きい方がz_1は大きくなる[7]。

3-4　政党の勢力拡大の限界

　選挙という市場において政党Aは，自分自身が最も制御能力を高く保有している事象である「政党Aの政策」に対して利害関心の割合を大きくすることにより，勢力を拡大することができることがわかった。これは選挙において，政党Aが自身の政策より良いものにして，有権者に真摯に訴えることに他ならない。このことは理念的な民主主義における選挙というものを考えれば理に適っていると考えられる。このようなことは，有権者が合理的であり，各政党・候補者の政策から自身の利益を推し量ることができることが前提である。しかし，現実には全ての有権者がそのように振る舞うことは不可能であり，政党・候補者は有権者を動員して投票に赴かせようとする。したがって，政党・候補者は「有権者の投票」という事象に対して大きな利害関心を持つのが実際の選挙である。だが，前節の証明にしたがえば，政党A, Bが「有権者の投票」に利害関心を高めることには限界が存在することになる。政党は自分自身の政策を訴えるよりも，有権者の投票に利害関心を寄せることは，結果として政党自身の勢力を弱めることになるのである。このことは，選挙を市場としてみたときに「神の見えざる手」と同様のメカニズムが存在していると考えられる。選挙を政党・候補者の政策と有権者の一票を交換するシステムと見做すのであれば，市場においては需要と供給のバランスにより経済的合理性が保たれるのと同様に，民主主義のバランスが保たれるメカニズムが存在するであろう。つまり，市場のアナロジーで選挙をみると民主主義を保つメカニズムが存在すると考えられる。

　では，この問題を定式化して，選挙において民主主義に適うメカニズムが保たれることを明らかにする。政党Aと政党Bは自分自身の政策を訴えるだけでなく，有権者を動員しようとする。しかし，両党とも政策を訴えるよりも有

権者を動員しようとすれば両党の **XC** の対角要素は小さくなり，結果的に勢力 r_j も小さくなり，両党ともに選挙で敗北する可能性を高めてしまうのである。ここでは政党 A，政党 B が各事象に対して同じ利害関心と制御能力を保有すると仮定して，政党 A が勝利できる範囲で「政党 A の政策」に対する利害関心を減じて「有権者の投票」に利害関心をどこまで増加させて配分できるのかを明らかにする。

前項で用いた **X** と **C** を行列表記で表すと，

$$\left.\begin{array}{l} \mathbf{X} = \begin{pmatrix} x_{11} & x_{12} & x_{13} \\ x_{21} & x_{22} & x_{23} \\ x_{31} & x_{32} & x_{33} \end{pmatrix} \quad \mathbf{C} = \begin{pmatrix} c_{11} & c_{12} & c_{13} \\ c_{21} & c_{22} & c_{23} \\ c_{31} & c_{32} & c_{33} \end{pmatrix} \\ \text{ここで，} \\ x_{11} = x_{22} \qquad c_{11} = c_{22} \\ x_{12} = x_{21} \qquad c_{12} = c_{21} \\ x_{13} = x_{23} \qquad c_{31} = c_{32} \\ \\ x_{11} > x_{13} > x_{12} \qquad c_{11} > c_{31} \\ x_{22} > x_{23} > x_{21} \\ x_{31} \gtreqless x_{32} < x_{33} \end{array}\right\} \quad (34)$$

とする[8]。

例としては，次のような **X** と **C** である。

$$\mathbf{X} = \begin{pmatrix} 0.7 & 0.0 & 0.3 \\ 0.0 & 0.7 & 0.3 \\ 0.4 & 0.4 & 0.2 \end{pmatrix} \quad \mathbf{C} = \begin{pmatrix} 0.8 & 0.0 & 0.2 \\ 0.0 & 0.8 & 0.2 \\ 0.25 & 0.25 & 0.5 \end{pmatrix} \quad (35)$$

つまり，式（35）のように政党 A と政党 B は自分の政策に対して同じ制御能力を保有し，同じ利害関心を配分しているとする。これは政党 A と政党 B は自身の政策と有権者の投票に対して同程度の関心を配分し，同程度の制御能力をもっているのである。有権者は政党 A と政党 B の政策に同じ利害関心を保有しており，有権者の投票に対する制御能力は有権者に 0.5，政党 A と政党 B に各 0.25 を保有している。これは有権者は政党 A と政党 B を同じようなものとみているのである。

XC の対角要素は，政党 A，政党 B，有権者の自分自身が利害感心に対する

制御能力である。そのなかで政党 A が「政党 A の政策」という事象に対して保有する制御能力は c_{11} であり,「政党 A の政策」に対する利害関心が x_{11} である。政党 B が「政党 B の政策」という事象に対して保有する制御能力は c_{22} であり,「政党 B の政策」に対する利害関心が x_{22} である。したがって,最終的には $r_1 > r_2$ となるためには「政党 A の各事象に対する利害関心が自身の制御の下に置かれている割合」が「政党 B の各事象に対する利害関心が自身の制御の下に置かれている割合」よりも大きくなることであり,そのために政党 A はどこまで「有権者の投票」である x_{13},つまり有権者の動員に対する利害関心を大きくすることができるのかが問題となる。

　まず,$r_1 > r_2$ となるためには,**XC** の対角要素が $x_{11}c_{11} + x_{12}c_{21} + x_{13}c_{31} > x_{21}c_{12} + x_{22}c_{22} + x_{23}c_{32}$ となる必要がある。ここで政党 A は勝利できる範囲で x_{11} と x_{13} の量を変化させるのであるから,その変化量を Δ として,$x_{11} + \Delta$ と $x_{13} - \Delta$ とする。x_{12} は政党 A による政党 B の政策に対する利害関心であるからゼロでもよいが,$x_{11} > x_{13} > x_{12}$ としておく。よって,

$$(x_{11} + \Delta)c_{11} + x_{12}c_{21} + (x_{13} - \Delta)c_{31} > x_{21}c_{12} + x_{22}c_{22} + x_{23}c_{32} \tag{36}$$

$c_{12} = c_{21}$,$x_{12} = x_{21}$ であるから,

$$(x_{11} + \Delta)c_{11} + (x_{13} - \Delta)c_{31} > x_{22}c_{22} + x_{23}c_{32}$$

また $x_{11} = x_{22}$,$c_{11} = c_{22}$,$c_{31} = c_{32}$ であるから,

$$(x_{11} + \Delta)c_{11} + (x_{13} - \Delta)c_{31} > x_{11}c_{11} + x_{23}c_{31}$$

$$x_{11}c_{11} + \Delta c_{11} + x_{13}c_{31} - \Delta c_{31} > x_{11}c_{11} + x_{23}c_{31}$$

$$x_{13}c_{31} + \Delta(c_{11} + c_{31}) > x_{23}c_{31}$$

$$x_{13}c_{31} > x_{23}c_{31} - \Delta(c_{11} - c_{31})$$

両辺に − 1 を掛けて

$$-x_{13}c_{31} < -x_{23}c_{31} + \Delta(c_{11} - c_{31})$$

$$x_{13} > x_{23} - \frac{\Delta(c_{11} - c_{31})}{c_{31}} \tag{37}$$

ここで $c_{11} > c_{31}$ であれば，c_{11} と c_{31} は制約の範囲内で任意の数でかまわない。Δ も小さい数であるから，x_{13} は x_{23} よりも僅かに大きければよいことになる。よって，この式（37）が，政党 A が勝利する範囲内で「有権者の投票」＝動員に対して利害関心を増加させることのできる限界である[9]。したがって，政党 A が勝利する範囲内で「有権者の投票」に対して増やすことができる利害関心の量は，政党 B が「有権者の投票」に割り当てる利害関心よりも僅かでも少なければよいことになり，その結果として政党 A は選挙で勝利できるのである。つまり，政党 A は政党 B よりも動員に精を出すことはせずに，政策をより良いものとして有権者に訴える方が最終的には勢力を拡大できるのである。したがって，完全競争市場としてみた選挙において，政党は有権者を動員するような形で票を獲得するよりも，「政策と投票の交換」により有権者の票を獲得することより，選挙において勝利がもたらされるメカニズムが存在するのである。

4. おわりに

コールマンのモデルは，完全競争市場を現実の多様な交換過程に適用するために修正していく理論モデルであり，現実の社会システムをフォーマルモデルで再現しようとするモデルでもある。しかし，本稿では現実の選挙過程を説明しようとするモデルにすることは，あえて踏みとどまり，理念的な民主主義という下での選挙を想定して，そのような選挙が内在させるメカニズムを明らかにすることを試みたのである。本稿で想定した単純なモデルの要素「政党 A の政策」や「有権者の投票」などには批判もあるであろう。しかし，これまで

の選挙競争のフォーマルモデルは「政党の政策と有権者の投票の交換」を基礎
に構築されてきた。本稿は，これまでの先行研究のモデルを全く異なる形で表
記して，選挙システムが内包している「アクターを合理的行動に導く原理」を
明らかにしたのである。コールマンのモデルは第2節で紹介したように，財や
事象の価値にも焦点を当てている。したがって，このような視点から1票の価
値を分析することも可能であろう。コールマンの *"The Foundations of Social
Theory"* の後半は全てフォーマルセオリーであり，数学の内容としても容易な
モデルではない。だが，経済学においてゲーム理論，契約理論が現実の市場制
度の構築に資するように，コールマンの理論体系は現状の選挙制度の改革のみ
ならず，政治改革に資することができると考えられる。

1) 有権者の政党支持を形成するのは，利益だけではない。政党支持に対しては，政
　治的社会化や職業なども大きく影響する。
2) $c_{ij}\,(i=1,...,m)$ と λ が未知の数であるから，この未知の数は $m+1$ 個である。

$$\prod_{j=1}^{m} c_{ij}^{x_{ji}} = U(c_{i1}^{x_{1i}} c_{i2}^{x_{2i}} \cdots c_{im}^{x_{mi}})$$

　であるから，この式（4）を $c_{i1} \sim c_{im}$ で偏微分する。$c_{ij} < 1$, $x_{ji} < 1$ であるから，
　U を c_{i1} で偏微分すると $\frac{c_{i1}}{x_{i1}}$ である。ここで $U_1 = (c_{i2}^{x_{2i}}\, c_{i3}^{x_{3i}} \cdots c_{im}^{x_{mi}})$ である。
　そうすると，以下の式が m 個得られる。

$$\frac{x_{1i}}{c_{i1}^*} U_1 - \lambda v_1 = 0 \qquad\qquad x_{1i} U_1 - \lambda c_{i1}^* v_1 = 0$$
$$\frac{x_{2i}}{c_{i2}^*} U_2 - \lambda v_2 = 0 \qquad\qquad x_{2i} U_2 - \lambda c_{i2}^* v_2 = 0$$
$$\vdots$$
$$\frac{x_{mi}}{c_{im}^*} U_m - \lambda v_m = 0 \qquad\qquad x_{mi} U_m - \lambda c_{im}^* v_m = 0$$

　また，λ で微分すると以下の式が得られる。

$$r_i - \left(c_{i1}^* v_1 + c_{i2}^* v_2 + \cdots + c_{im}^* v_m \right) = 0$$
$$r_i = c_{i1}^* v_1 + c_{i2}^* v_2 + \cdots + c_{im}^* v_m$$

　これで $m+1$ 個の式が得られた。c_{im}^* と λ について $m+1$ 個の式があり，x_{mi} と
　U_i は実数値が与えられる。よって $m+1$ 個の連立方程式で解ける
3) 式（4）を λ で偏微分したものである。
4) $m-1$ 番目は $\frac{x_{1i}}{c_{i1} v_1} U_i - \lambda \frac{v_1}{v_1} = \frac{x_{1i}}{c_{i1} v_1} U_i - \lambda$ となる。

　$j = m$ 番目は，$\frac{x_{mi}}{c_{im} v_m} U_i - \lambda \frac{v_m}{v_m} = \frac{x_{mi}}{c_{im} v_m} U_i - \lambda$ となる。

$m-1$ から $m=j$ を引けば，式（6）となる。

5) コールマンも選挙過程に「行為の線形システム」の適用を考えている。コールマンはオストロゴルスキーの有権者，政党・候補者，利益団体，マスメディアからなる交換モデルを提示している（Coleman, 1990, p. 738）

6) 幾何学的な証明とは別に，解析的に証明する。二通りの証明を考えてみた。

【証明1】 $f(x_{1i}) = x_{11}c_{11} + x_{12}c_{21} + x_{13}c_{31}$ において x_{11}, x_{12}, x_{13} を変化させて，A党が $f(x_{1i})$ を最大化させることを考える。$f(x_{1i})$ は平面であるから，

$$\frac{\partial f(x_{1i})}{\partial x_{11}} = c_{11} \qquad \frac{\partial f(x_{1i})}{\partial x_{12}} = c_{21} \qquad \frac{\partial f(x_{1i})}{\partial x_{13}} = c_{31}$$

となる。本来はこれらの式をゼロとして極値をとる x_{1i} を求めて最大値を探せばよいが，これらの式には x_{1i} は含まれていない。よって，x_{1i} の最大値は c_{i1} の大小関係により定まる。

$\frac{\partial f(x_{1i})}{\partial x_{11}} = c_{11}$ は平面 $f(x_{1i})$ を $x_{12} = x_{12}^0$, $x_{13} = x_{13}^0$ で切断したときに現れる切り口の（曲）線の $x_{11} = x_{11}^0$ における接線の傾きである。しかし，この場合もとの関数 $f(x_{1i})$ は x_{11} の1次関数であるから，x_{11} で偏微分すると $f(x_{1i})$ の傾きと同一の c_{11} となる。したがって，c_{11} の値が最大の点で $f(x_{1i})$ は最大値をとる。

$0 \le c_{11} \le 1$ であるから，$c_{11} + c_{21} + c_{31} = 1$，$c_{11} > c_{21} \gtreqless c_{31}$ より $c_{11} = 1$ のとき $c_{21} = c_{31} = 0$ である。よって，$f(x_{1i}) = x_{11} + x_{21} + x_{13} = 1$ および $c_{11} = 1$ であるから，

$$f(x_{1i}) = x_{11}c_{11} + x_{12}0 + x_{13}0$$

となり，

$$\max f(x_{1i}) = x_{11}c_{11} = 1$$

となる。

次に，$\frac{\partial f(x_{1i})}{\partial x_{12}} = c_{12}$ は，平面 $f(x_{1i})$ を $x_{11} = x_{11}^0$, $x_{13}^0 = x$ で切断したときに現れる切り口の（曲）線の $x_{12} = x_{12}^0$ における接線の傾きである。しかし，この場合もとの関数 $f(x_{1i})$ は x_{12} の1次関数であるから，x_{12} で偏微分すると $f(x_{1i})$ の傾きと同一の c_{12} となる。したがって，c_{12} の値が最大の点で $f(x_{1i})$ は最大値をとる。$0 \le c_{21} \le 1$ であるから，$c_{11} + c_{21} + c_{31} = 1$ そして $c_{21} > c_{11} \gtreqless c_{31}$ であるならば，$c_{21} = 1$ のときに $c_{11} = c_{31} = 0$ であり，$f(x_{1i}) = x_{12}c_{21}$ となり，$x_{11} + x_{21} + x_{13} = 1$ および $c_{21} = 1$ であるならば

$$f(x_{1i}) = x_{11}0 + x_{12}c_{21} + x_{13}0$$

となり，

$$\max f(x_{1i}) = x_{12}c_{21} = 1$$

となるが，当初の仮定 $c_{11} > c_{21} \gtreqless c_{31}$ より，$c_{21} = 1$ は成り立たない。したがって，$x_{12} = 1$ であっても

$$\max f(x_{1i}) = x_{12}c_{21} < 1$$

となる。

$\dfrac{\partial f(x_{1i})}{\partial x_{13}} = c_{31}$ も同様に $c_{21} > c_{11} \gtreqless c_{31}$ であるから $c_{31} = 1$ は成り立たず，$x_{13} = 1$ であっても

$$\max f(x_{1i}) = x_{12}c_{21} < 1$$

である。したがって，$f(x_{1i}) = x_{11}c_{11} + x_{12}c_{21} + x_{13}c_{31}$ は $c_{11} = 1$ のときに最大値 1 となる。

この関係は一般化して，$f(x_{1i}) = x_{11}c_{11} + x_{12}c_{21}, ..., + x_{1m}c_{m1}$ においても成り立つ。$\max f(x_{1i})$ は $c_{11} > c_{21} \gtreqless c_{31} \gtreqless, ..., \gtreqless x_{1m}c_{m1}$ であるから，$\dfrac{\partial f(x_{1i})}{\partial x_{11}} = c_{11}$ であり，$\max f(x_{1i}) = x_{11}c_{11} = 1$ となる。

$\dfrac{\partial f(x_{1i})}{\partial x_{12}} = c_{21}, ..., \dfrac{\partial f(x_{1i})}{\partial x_{1m}} = c_{m1}$ は，$c_{11} > c_{21} \gtreqless c_{31} \gtreqless, ..., \gtreqless x_{1m}c_{m1}$ より $c_{21} < 1$，$c_{31} < 1, ..., c_{m1} < 1$ であっても，

$$\max f(x_{1j}) = x_{12}c_{21} < 1$$
$$\vdots$$
$$\max f(x_{1i}) = x_{1m}c_{m1} < 1$$

となる。したがって，

$$f(x_{1i}) = x_{11}c_{11} + x_{12}c_{21}, ..., +x_{1m}c_{m1}$$

は $x_{11} = 1$，$c_{11} = 1$ のときに最大値 1 となる。

【証明 2】$f(x_{1i}) = x_{11}c_{11} + x_{12}c_{21} + x_{13}c_{31}$ を $G = x_{11}c_{11} + x_{12}c_{21} + x_{13}c_{31}$ とする。この G を最大化する x_{1j} を求めると考える。$c_{11} > c_{21} \gtreqless c_{31}$，$c_{11} + c_{21} + c_{31} = 1$，$x_{11} + x_{21} + x_{13} = 1$，$x_{1i} \geq 0$，$c_{i1} \geq 0$ を制約とする。G の式は以下のように変形される。

$$\frac{G}{c_{11}} = x_{11} + \frac{x_{12}c_{21}}{c_{11}} + \frac{x_{13}c_{31}}{c_{11}}$$

G と $\dfrac{G}{c_{11}}$ は比例するから，この平面で $\dfrac{G}{c_{11}}$ を最大化する x_{1i} を求めればよい。$\dfrac{G}{c_{11}}$ の極値は，

$$\frac{\partial \left(\frac{G}{c_{11}}\right)}{\partial x_{11}} = 1, \qquad \frac{\partial \left(\frac{G}{c_{21}}\right)}{\partial x_{11}} = \frac{c_{21}}{c_{11}}, \qquad \frac{\partial \left(\frac{G}{c_{11}}\right)}{\partial x_{11}} = \frac{c_{31}}{c_{11}}$$

である。ここで常に x_{11} の偏微分係数は 1 であるから，c_{11} の値が最大のときに $x_{11} = 1$ となる。したがって，$x_{11} + x_{21} + x_{13} = 1$ より $x_{11} = 1$，$x_{12} = x_{13} = 0$ となる。$c_{11} + c_{21} + c_{31} = 1$ より $c_{11} = 1$，$c_{21} = c_{31} = 0$ となる。

【これらの証明の含意】

これらの証明からから分かることは，政党 A は政党 B に対して比較優位になるだ

けならば，必ずしも $x_{11} = 1$ とする必要はない，ということである。$x_{11} = 1$ ならば $x_{12} = x_{13} = 0$ となり，$c_{11} = 1$ ならば $c_{21} = c_{31} = 0$ でなくてはならない。しかし，現実には $c_{i1} \neq 0$ である場合も多い。このような場合には，$\max c_{i1}$ に $\max x_{1j}$ を対応させることにより政党 B は政党 B に対して比較優位になれるのである。

7) 幾何学的な証明とは別に解析的な証明により一般化しておく。

【証明】一般化すると，$r_1 + r_2 + , \ldots , + r_m = 1$ である。そこで α，β，$\gamma \ldots$，の代わりに $\alpha_1, \ldots , \alpha_m$ とする。

$$r_1(\alpha_1 - 1) + r_2\alpha_2 +, \ldots , + \ldots r_m\alpha_m = 0$$

として，

$$r_1 = \frac{r_2\alpha_2 +, \ldots , + \ldots r_m\alpha_m}{1 - \alpha_1}$$

となる。式 (33) と同様であるから，α_1 を大きくすることにより r_1 は大きくなる。

8) 注意すべき点は，第2節のモデルでは $\mathbf{X}$ は $m \times n$ の行列，$\mathbf{C}$ は $n \times m$ の行列である。しかし，第3節のモデルでは $\mathbf{X}$ は $n \times m$ の行列，$\mathbf{C}$ は $m \times n$ の行列となっていることである。

9) 一般化のためにアクターを $1 < j < n$，事象を $1 < i < m$ として証明する。

【証明】

各行列で $1 < j < n$，$1 < i < m$ であるとする。政党1は，行列 $\mathbf{X}$ の1行目に位置し，行列 $\mathbf{C}$ の1列目に位置する。

政党 $n-1$ は行列 $\mathbf{X}$ の $n-1$ 行目に位置し，行列 $\mathbf{C}$ の $n-1$ 列目に位置する。有権者は，行列 $\mathbf{X}$ の n 行目に位置し，行列 $\mathbf{C}$ の n 列目に位置する。そこで政党1の政党 $n-1$ 対する状況を考える。

$$\mathbf{X} = \begin{pmatrix} x_{1,1} & \cdots & x_{1,m-1} & x_{1,m} \\ \vdots & \ddots & \vdots & \vdots \\ x_{n-1,1} & \cdots & x_{n-1,m-1} & x_{n-1,m} \\ x_{n,1} & \cdots & x_{n,m-1} & x_{nm} \end{pmatrix} \quad \mathbf{C} = \begin{pmatrix} c_{11} & \cdots & c_{1,n-1} & c_{1n} \\ \vdots & \ddots & \vdots & \vdots \\ c_{m-1,1} & \cdots & c_{m-1,n-1} & c_{m-1,n} \\ c_{m,1} & \cdots & c_{m,n-1} & c_{mn} \end{pmatrix}$$

式 (34) と同様の制約を置く。

$$x_{1,1} = \cdots = x_{k,k} \cdots = x_{n-1,m-1}$$
$$x_{1,2} = x_{1,3} \cdots = x_{1,m-2}$$
$$\vdots$$
$$x_{n-1,1} = x_{n-1,2} = \cdots = x_{n-1,m-2}$$
$$x_{1,m} = x_{2,m}, \cdots = x_{n-1,m}$$

$$c_{1,1} = \cdots = c_{l,l} \cdots = c_{m-1,n-1}$$
$$c_{1,2} = c_{1,3} = \cdots = c_{1,n-1}$$
$$\vdots$$
$$c_{m-1,1} = c_{m-1,2} = \cdots = c_{m-1,n-2}$$
$$c_{m,1} = c_{m,2}, \cdots = x_{m,n-1}$$

$$x_{1,1} > x_{1,m} > x_{1,2} \leqq, \ldots, \leqq x_{1,m-1}$$
$$x_{n-1,m-1} > x_{n-1,m} > x_{n-1,1} \leqq, \ldots, \leqq x_{n-1,m-2}$$
$$x_{1,m} \leqq, \ldots, \leqq x_{n-1,m} > x_{n,m}$$

$$(x_{1,1} + \Delta)c_{1,1} + x_{1,2}c_{2,1} +, \ldots, +(x_{1,m} - \Delta)c_{m,1} > x_{n,1}c_{1,n} + x_{n,2}c_{2,n} +, \ldots, +x_{n,m}c_{m,n}$$

制約より

$$x_{1,m} > x_{n-1,m-1} = \frac{\Delta(c_{1,1} - c_{m,1})}{c_{m,1}}$$

となる。

参 考 文 献

Coleman, James S. (1973) *The mathematics of Collective Action,* Chicago:Aldine Pub. Co.

Coleman, James S. (1990) *The Foundations of Social Theory,* Cambridge: Havard University Press. ［久慈利武（監訳）(2006)『社会理論の基礎（上・下）』青木書店］。

Downs, Anthony. (1957) *An Economic Theory of Democracy,* New York: Haper and Row. ［古田精司（監訳）(1980)『民主主義の経済理論』成文堂］。

Emerson, R. M. (1972) "Exchange Theory, Part II: Exchange Relations and Networks." In J. Berger, M. Zelditch, Jr., and B. Anderson, Eds., *Sociological Theories in Progress*, Vol. 2, pp. 58-87. Boston: Houghton- Mifflin.

Enelow, James and Melvin Hinich. (1984) *The Spatial Theory of Voting: An Introduction.* New York: Cambridge University Press.

Enelow, James and Melvin Hinich, eds. (1990) *Advances in Spatial Theory Voting.* New York: Cambridge University Press.

Muler, Dennis. C. (1989) *Public Choice II*, Cambridge University Press. ［加藤寛監訳（1993)『公共選択論』有斐閣］。

Ostrogorski, M. 1964 (1902) *Democracy and the Organization of Political Parties,* Vol. 2: The United States. Chicago: Quadrangle Books.

Roemer, John E. (2006) *Political Competition: Theory and Applications,* Cambridge: Harvard University Press.

Wittman, Donald A. (1973) *The American Political Science Review*, Vol. 67, No. 2, pp. 490-498.

Wittman, Donald A. (1995) *The Myth of DEmocratic Failure: Why Political Institutions Are Efficient*, The University of Chicago Press. ［奥井克美訳（2002)『デモクラシーの経済学』東洋経済新報社］。

久慈利武（1984)『交換理論と社会科学の方法』新泉社。

久慈利武（1988)『現代の交換理論』新泉社。

三隅一人（1990)「交換ネットワークと勢力」平松閣［編］『社会ネットワーク』福村出版，33-51頁。

高橋伸幸・山岸敏男（1993)「社会的交換ネットワークにおける権力」,『理論と方法』Vol. 8, No. 2, 251-269頁。

第 6 章
日本の科学技術イノベーション政策における
科学技術コミュニケーションの位置づけ

種 村 　 剛

1. はじめに

　科学技術コミュニケーションは，科学技術にかかわる，目的を持った，ステークホルダーの間の相互行為である。科学技術コミュニケーションの事例として，市民が科学者の話を気軽に聞き質問することができるサイエンスカフェや，ゲノム編集技術や脳神経科学など人びとの生活に大きな影響を与える科学技術の利用の是非について，専門家だけではなく市民も交えて話し合うコンセンサス会議などを挙げることができる（図6-1）。

　サイエンスカフェやコンセンサス会議など，対話や協働を中心にした科学技術コミュニケーションの登場は，一般的に，1990年代の一方的な専門家の情報提供による科学技術の理解増進（public understanding of science；PUS）から，2000年代において，専門家と非専門家の双方向的な対話を目指すパブリックエンゲージメント（public engagement of science）への展開として説明される（杉山 2020）[1]。

　一方，このような科学技術コミュニケーションの展開を俯瞰的に捉え，再検討する試みも近年行われ始めている（川本 2019，工藤 2019）。本章の目的はこの試みの一つに当てはまる。ここでは，科学技術コミュニケーションの展開モデルを，日本の科学技術イノベーション政策との関連から通時的に捉え直すこと

図6-1　筆者（左）が行ったサイエンスカフェの様子

（写真提供）北海道大学 CoSTEP

を試みる。科学技術コミュニケーションも，科学技術の振興に関する施策であ
る，科学技術政策の一部である以上，科学技術政策，とりわけその中核とな
る，科学技術イノベーション政策の動向と切り離せない関係にあるからだ。

　科学技術イノベーション政策と科学技術コミュニケーションの関連性を整理
することは，今後の日本の科学技術コミュニケーションのあり方を見通す上で
重要になると考える。

2. 方　法

　日本の科学技術政策はこれまで「科学技術基本計画」（以下，基本計画）に
沿って進められてきた。基本計画は，1995年に制定された科学技術基本法
（2020年度の第201回通常国会において「科学技術・イノベーション基本法」に改正）
に基づき，内閣府にある総合科学技術・イノベーション会議（Council for
Science, Technology and Innovation; CSTI）[2]が策定している，5年を1期とし
た科学技術政策の中長期計画である。

表6-1　本章で扱う科学技術政策の計画・戦略

対応する節	年月	科学技術政策の計画・戦略および特記する事項	イノベーションの類型	科学技術コミュニケーションの類型
3節	2006年3月	第3期科学技術基本計画	シーズ先導型イノベーション	理解増進
4節	2007年6月	長期戦略方針「イノベーション25」		
	2008年12月	研究開発システムの改革の推進等による研究開発能力の強化及び研究開発等の効率的推進に関する法律の成立		
	2009年9月	政権交代：鳩山由紀夫内閣発足		
	2009年12月	新成長戦略（基本方針）：輝きのある日本へ		
	2010年6月	新成長戦略：「元気な日本」復活のシナリオ		
	2011年3月	東日本大震災		
5節	2011年8月	第4期科学技術基本計画	ニーズ牽引型イノベーション	パブリックエンゲージメント
	2012年12月	政権交代：第2次安倍内閣発足		
	2012年12月	日本経済再生本部発足		
6節	2013年6月	科学技術イノベーション総合戦略：新次元日本創造への挑戦	シーズ先導型イノベーション	
	2013年6月	日本再興戦略：JAPAN is BACK		
	2014年5月	総合科学技術会議、総合科学技術・イノベーション会議に改組		
7節	2014年6月	「日本再興戦略」改訂2014：未来への挑戦イノベーション・ナショナルシステムの提案	シーズ先導型イノベーション	
	2015年6月	科学技術イノベーション総合戦略2015		
8節	2016年1月	第5期科学技術基本計画	共創的科学技術イノベーション	ステークホルダーの対話・協働
	2020年6月	科学技術基本法、科学技術・イノベーション基本法に改正		
	2021年	第6期科学技術・イノベーション基本計画		

　日本で科学技術コミュニケーションが科学技術政策として明示的に示されたのは，第3期基本計画（2006～2010年）である。ゆえに，本章では主に第3期基本計画から，現在の第5期基本計画（2016～2020年），及びその間の科学技術イノベーション政策に影響を与えている，科学技術イノベーション総合戦略などを参照しながら，2000～2010年代の，日本の科学技術イノベーション政策の動向の変化と科学技術コミュニケーションの関連をまとめる（表6-1）。

　その際，本章はイノベーションの展開手法を，シーズ先導型（シーズ・プッシュ型）とニーズ牽引型（ニーズ・プル型，デマンド・プル型）の二つの類型を用いて整理する。シーズ先導型は，将来展開する可能性が高い研究成果（seeds）を産業界に繋げることでイノベーションの創出を目指す立場である。ニーズ牽引型は，解決が必要とされている社会課題（needs）を設定した上で，そのための研究やその応用を進めることでイノベーションの創出を目指す立場である。たとえば，第4期基本計画は，シーズ先導型とニーズ牽引型にそれぞれ対応するイノベーションの手法として「独創的な研究成果を生み出し，それを発展させて新たな価値創造に繋げる方法」と「我が国が取り組むべき課題を予め設定し，その達成に向けて，研究開発の推進から，その成果の利用，活用に至るまで関連する科学技術を一体的，総合的に推進する方法」の二つを挙げている（総合科学技術会議 2011, 7）。

3．第3期基本計画（2006年）

3-1　第3期基本計画のイノベーション：シーズ先導型イノベーション

　第3次小泉純一郎内閣の下で閣議決定された第3期基本計画（2006年3月）は，1）社会・国民に支持され，成果を還元する科学技術と，2）人材育成と競争的環境の重視，二つの基本姿勢を挙げている（総合科学技術会議 2006）。

　1）社会・国民に支持され，成果を還元する科学技術では，科学技術政策について「国民の科学技術に対する関心を高め」ることで「国民の理解と支持を得る」ことができるとする[3]。「国民の科学技術に対する関心を高め」るため

に「絶え間なく科学の発展を図り知的・文化的価値を創出する」こと「研究開発の成果をイノベーションを通じて，社会・国民に還元する」こと，そして「科学技術政策やその成果を分かりやすく説明する」ことが求められている。このときのイノベーションは「科学的発見や技術的発見を洞察力と融合し発展させ，新たな社会的価値や経済的価値を生み出す革新」を指している。このように社会・国民の支持を求める背景には，当計画に示されているように「第2期基本計画期間中に比べて更に厳しさを増している財政事情」の中「政府研究開発投資の総額の規模を約25兆円」にすることがあると思われる。

　第3期基本計画およびそれに先行する第2期基本計画では，シーズ先導型のイノベーションが基本計画上の基調であった。第2期基本計画は，優先的に研究開発資源を配分する科学技術の重点分野として，ライフサイエンス分野，情報通信分野，環境分野，ナノテクノロジー・材料分野の4分野を挙げている（総合科学技術会議 2001）。小林は第2期基本計画について「結局は社会ニーズをいかにして技術的に実現するかという観点には踏み込むことなく，重点化するシーズを並べるにとどまった」と評価する。また，後継の第3期基本計画についても，政策課題対応型研究という概念を出しているものの，第2期の重点4分野を重点推進4分野として引き継ぎ，これら以外にエネルギー，ものづくり技術，社会基盤，フロンティアの4分野を推進4分野として位置づけ，その中から「戦略重点科学技術」に重点投資することを指摘し，基本的にはシーズ先導型のイノベーションを示していたと総括している（小林 2017, 56）。

3-2　第3期基本計画の科学技術コミュニケーション――イノベーションの成果を国民に伝える

　第3期基本計画の2）人材育成と競争的環境の重視については，科学技術システム改革（3章）において人材の育成，確保，活躍の促進を掲げ（3章1節），ここで初めて基本計画において「科学技術を一般国民に分かりやすく伝え，あるいは社会の問題を研究者・技術者の側にフィードバックするなど，研究者・技術者と社会との間のコミュニケーションを促進する役割を担う人材」である

「科学技術コミュニケーター」の概念が登場し「研究者のアウトリーチ活動の推進」や「科学館における展示企画者や解説者等の活躍の促進」を担うことが記されている。

社会・国民に支持される科学技術（4章）では「国民の科学技術に対する関心を高め」るための具体的な取り組みとして，a）倫理的・法的・社会的課題への対応，b）科学技術に関する説明責任と情報発信，c）科学技術に関する国民意識の醸成，d）国民の主体的な参画を，挙げている。b）については，研究機関・研究者等が研究活動やその内容・成果を社会・国民に開示し分かりやすく説明することを基本的責務とし，アウトリーチ活動を推進すると述べている。またc）については「科学技術に関する国民の関心を高めるために，初等中等教育における理数教育の充実に加え，成人の科学技術に関する知識や能力（科学技術リテラシー）を高めることが重要」とした上で「国立科学博物館・日本科学未来館をはじめとする科学館・博物館などの充実」や「その活動を支える職員，科学ボランティア・非営利団体（NPO）等の人材の養成と確保」を挙げる。

第3期基本計画の科学技術政策とイノベーション，そして科学技術コミュニケーションの関係を整理しておく。1）イノベーションは科学技術政策の一部に位置づけられている。2）科学技術政策の目的は「科学の発展」および「知的・文化的価値」の創出である。3）イノベーションは科学技術政策のアウトプットである「研究開発の成果」を社会・国民に還元する手段である。4）イノベーションを通じて科学技術の成果を社会・国民に還元することは，国民の科学技術への関心を高めるように機能する。5）国民の科学技術の関心を高めることは国民の科学技術政策の支持につながる。6）科学技術の成果を国民に伝える役割として，科学技術コミュニケーションが求められている。このようにシーズ先導型の第3期基本計画の科学技術コミュニケーションは，シーズによって産み出されたイノベーションの成果を国民に伝えることで「科学技術への関心を高める」目的を持つことより，科学技術の理解増進の側面が強いものであったといえるだろう。

4. 長期戦略方針「イノベーション25」(2007年) と　政権交代後の新成長戦略 (2009年)

4-1　長期戦略方針「イノベーション25」

　2007年1月の第166回国会衆議院本会議において，安倍晋三内閣総理大臣は施政方針演説で新成長戦略の一環として「革新的な技術，製品，サービスなどを生み出すイノベーション」を掲げた[4]。これを受け，2007年6月に第1次安倍内閣は，高市早苗イノベーション担当大臣（当時）の下に設置された「イノベーション25戦略会議」の策定による「長期戦略方針「イノベーション25」」（以下，イノベーション25）を閣議決定する（イノベーション25戦略会議2007）。ここでは，イノベーションを「技術の革新にとどまらず，これまでとは全く違った新たな考え方，仕組みを取り入れて，新たな価値を生み出し，社会的に大きな変化を起こすことである」と定義している。

　イノベーション25は2025年の「美しい国」の実現を目標に据え，「既存の組織，体制だけを前提として考えるのではなく」，「より多種多様な担い手がイノベーション創出に向けた活動を展開」とあるように，研究者のみがイノベーションの主要な担い手ではないことが示されている。ここには，科学技術へのパブリックエンゲージメントの萌芽が見られるように思われる。第1次安倍内閣は2007年9月に退陣したためイノベーション25による成長戦略は尻すぼみに終わった[5]。しかしながらイノベーション25は，後述のように2013年以降の第2次安倍内閣以降のイノベーション政策の端緒として位置づけることができる。

4-2　民主党政権下の新成長戦略

　2009年9月，政権交代によって民主党・社会民主党・国民新党による鳩山由紀夫内閣が発足する。同年12月に「新成長戦略（基本方針）：輝きのある日本へ」（以下，新成長戦略2009）が閣議決定する（首相官邸2009）。「課題解決型国

家を目指して」との旗印の下，成長戦略の鍵としてライフ・イノベーション（環境エネルギー分野革新），グリーン・イノベーション（医療・介護分野革新）を「強みを活かす成長分野」として掲げている。また「成長を支えるプラットフォーム」として「科学・技術立国戦略」を挙げ「我が国は，今改めて，優れた人材を育成し，研究環境改善と産業化推進の取組を一体として進めることにより，イノベーションとソフトパワーを持続的に生み出し，成長の源となる新たな技術及び産業のフロンティアを開拓していかなければならない」とした上で，大学・公的研究機関の改革による研究環境に整備や，制度・規制改革，産学連携の推進を提案する。他に「IT 立国・日本」として情報通信技術を基盤とした新たなイノベーションの創出を述べている。このように，新成長戦略では，シーズ先導型のイノベーションが示されている。2010 年 6 月，菅直人内閣が発足し「新成長戦略：「元気な日本」復活のシナリオ」が閣議決定する（首相官邸 2010）。これは鳩山内閣の下で編まれた新成長戦略 2009 を継承するものであった。

5．第 4 期基本計画（2011 年）

5-1　第 4 期基本計画の科学技術イノベーション政策——ニーズ牽引型イノベーションへの転換

　東日本大震災と福島第一原子力発電所のメルトダウン事故（2011 年 3 月）の後に閣議決定された「第 4 期基本計画」（2011 年 8 月）は研究開発力強化法[6]を踏まえつつ「科学技術政策とイノベーション政策とを一体的に捉え，産業政策や経済政策，教育政策，外交政策等の重要政策と密接に連携させつつ，国の総力を挙げて強力かつ戦略的に推進していく必要性が高まっている」と述べ「科学技術イノベーション政策」を打ち出した（総合科学技術会議 2011）。「科学技術イノベーション政策」概念が基本計画に登場するのは，これが初めてである。

　当基本計画は新成長戦略を深化・具体化するためのものと位置づけられてい

る。科学技術イノベーションは「科学的な発見や発明等による新たな知識を基にした知的・文化的価値の創造と，それらの知識を発展させて経済的，社会的・公共的価値の創造に結びつける革新」と定義されている。

　第4期基本計画がシーズ先導型とニーズ牽引型に対応する二つの類型を明示していることは先に述べた。当基本計画は，これまでの基本計画が「重点4分野および推進4分野に基づく研究開発の重点化」に軸足を置いていたと総括し「重要課題の達成に向けた施策の重点化へ，方針を大きく転換する」と宣言している（総合科学技術会議 2011，21）。いうなれば，シーズ先導型からニーズ牽引型への転換の宣言である。基本計画は重要課題として，1）震災からの復興・再生，2）環境・エネルギー，3）医療・介護・健康への対応を挙げている（総合科学技術会議 2011，9-15）。このうち，後の二つは鳩山内閣の新成長戦略 2009 で示された，グリーン・イノベーション，ライフ・イノベーションに対応している。他に推進すべき施策として，a）安全かつ豊かで質の高い国民生活の実現，b）産業競争力の強化，c）地球規模の問題解決への貢献，d）国家存立の基盤保持，e）科学技術の共通基盤の充実を挙げている（総合科学技術会議 2011，22-26）。このように第4期基本計画は，重点的な研究分野だけではなく，解決を目指す重要課題を提示しているところに特徴がある。

　もちろん，当基本計画においても「大学や公的研究機関の優れた研究成果を，迅速かつ効果的にイノベーションにつなげる仕組み」（総合科学技術会議 2011，16）として産学官のネットワーク強化や事業化支援の他に，基礎研究の抜本的強化（4章2節），科学技術を担う人材の育成（4章3節），国際水準の研究環境及び基盤の形成（4章4節）といった，研究開発の強化に力点を置いたシーズ先導型の科学技術イノベーション政策の方向性も示されている。

5-2　第4期基本計画の科学技術コミュニケーション──政策への国民参画の促進

　第3期基本計画の社会・国民に支持される科学技術を継承する，社会とともに創り進める政策の展開（5章）は「我が国の直面する課題の達成に向けた科

学技術の可能性と条件，条件が妥当しない場合のリスクやコストについて，研究者，技術者，研究機関と連携，協力しつつ，国民に率直に説明し，その理解と信頼と支持を得る必要がある」と述べ，科学技術イノベーション政策の基本方針の一つとして「社会及び公共のための政策」を掲げる。そして，社会と科学技術イノベーションの関係深化（5章2節）として，1）国民の視点に基づく科学技術イノベーション政策の推進と，2）科学技術コミュニケーション活動の推進の二つを挙げている。

1）については，a）政策の企画立案及び推進への国民参画の促進，b）倫理的・法的・社会的課題への対応，c）社会と科学技術イノベーション政策をつなぐ人材養成の方針を示している。a）にあるように，政策への国民参画の促進が謳われていることに特徴がある。またc）については，研究管理専門職（リサーチアドミニストレーター），社会と科学技術イノベーションとの関わりについて専門的な知識を有する人材などと並列されて「国民と政策担当者との橋渡しを行い，研究活動や得られた成果等を分かりやすく国民に伝える役割を担う科学技術コミュニケーター」が挙げられている。

2）については「科学技術イノベーション政策を国民の理解と信頼と支持の下に進めていく」ために「双方向のコミュニケーション活動等をより一層積極的に推進していくことが重要」とし，研究者による科学技術コミュニケーション活動や科学館や博物館の活動を積極的に推進すると述べ，同時に，国民の科学技術リテラシーの向上を図るとしている。具体的には，リスクコミュニケーションやサイエンスカフェの実施，それらへの国の支援を挙げている。

第4期基本計画の科学技術イノベーション政策と科学技術コミュニケーションの関係は次のように整理できる。1）イノベーションは科学技術政策と一体である。2）科学技術イノベーション政策は成長戦略の一貫である。3）科学技術イノベーション政策は課題解決志向を持っている，4）科学技術イノベーション政策の基本方針として「社会及び公共のための政策」が掲げられ，政策の立案や推進への国民が参画し，国民の合意の下で科学技術イノベーション政策を進める必要があり，そのために，双方向の科学技術コミュニケーションが

求められている。このようにニーズ牽引型の第 4 期基本計画の科学技術コミュニケーションは，人びとのニーズをイノベーションに反映させる，パブリックエンゲージメントの側面が強いものであったといえるだろう。

6．科学技術イノベーション総合戦略の策定と 日本経済再生本部との連携（2013 年）

　2012 年 12 月に第 2 次安倍内閣が発足し，2013 年 2 月の第 183 回衆議院本会議おいて施政方針演説が行われた。そこでは，総合科学技術会議を司令塔として「世界で最もイノベーションに適した国」をつくることが述べられた。内閣発足後の最初の総合科学技術会議（2013 年 3 月）で，安倍首相は「世界一を目指す為には何と言ってもイノベーション」と述べ，政策においてイノベーションを重視していくことを宣言し，その方策として，1)「科学技術イノベーション総合戦略」の策定，2) 日本経済再生本部との連携[7]，3) 総合科学技術会議の司令塔機能の強化の，3 点を挙げる（内閣府 2013a）。この後の科学技術イノベーション政策は基本計画だけでなく「科学技術イノベーション総合戦略」および日本経済再生本部の「日本再興戦略」の影響を強く受けるようになる。

　1) は 2013 年 6 月「科学技術イノベーション総合戦略：新次元日本創造への挑戦」（以下，総合戦略 2013）が閣議決定する（内閣府 2013b）。総合戦略 2013 は，第 4 期基本計画を含む「科学技術イノベーション政策の全体像を含む長期のビジョン」であり，そこでは「科学技術イノベーションを分野別に検討するのではなく，経済社会が直面する様々な課題に対して，科学技術イノベーションがどのような貢献をできるのかという問題設定に重点を据えて，課題解決型の政策体系（プログラム）に組み上げる」と宣言し科学技術イノベーション総合戦略の基本的な考え方の一つに，課題解決志向を掲げている（前掲書，5）。後続する「科学技術イノベーション総合戦略 2014：未来創造に向けたイノベーションの懸け橋」は「科学技術イノベーションの成果を具体的にどのような経済社会の実現につなげていくのかという，出口志向の課題解決型政策運営を目指

す」とあり，ここにもニーズ牽引型イノベーションを重視する傾向を確認することができる（内閣府 2014, 1）。

2）は 2013 年に発表された日本経済再生本部の「日本再興戦略：JAPAN is BACK」（以下，日本再興戦略）に科学技術イノベーションの推進が組み込まれたことにつながっている。日本再興戦略は安倍内閣の下で行われている経済政策いわゆる「アベノミクス」に基づいた成長戦略をまとめたものである（日本経済再生本部 2013, 39-42）。そこでは科学技術イノベーションについて，a）戦略的イノベーション創造プログラムの推進，b）革新的研究開発支援プログラムの創設，総合科学技術会議の司令塔機能強化などの 7 項目が挙げられている。a）については 2014 年度に総額 500 億円の戦略的イノベーション創造プログラム（SIP；Cross-ministerial Strategic Innovation Promotion program）が設置されている。b）については 2013 年度に「破壊的イノベーションを創出する」ための革新的研究開発推進プロジェクト（ImPACT；Impulsing PAradigm Change through disruptive Technologies program）として実現した（2018 年度終了）[8]。

3）は総合科学技術会議の「総合科学技術・イノベーション会議」への改組（2014 年）として実現している。

7．イノベーション・ナショナルシステムの展開
——シーズ先導型への回帰（2014 年）

一方，第 4 期基本計画以降のニーズ牽引型イノベーションを重視する傾向は，2014 年に日本経済再生本部が「「日本再興戦略」改訂 2014：未来への挑戦」中で「イノベーション・ナショナルシステム」を提案することで一転し，下火になっていく（日本経済再生本部 2014, 7）。イノベーション・ナショナルシステムは，ドイツのフラウンホーファー研究機構を参考にして考案された，研究開発を行い技術シーズの提供を行う大学等と，技術シーズを事業化する産業界の二つを「橋渡し」する制度である。また，甘利明 経済再生担当大臣（当

時）による「我が国のイノベーション・ナショナルシステムの改革戦略」によれば，イノベーション・ナショナルシステムは，上述の技術的革新シーズを事業化へ繋ぐ「橋渡し」機能の強化を目指すだけではなく，技術シーズを生み出す大学や公的研究機関の強化の一環として国立大学改革や，イノベーションを担う人材の育成・流動化を図ることも射程に入れている（経済再生担当大臣 2014）。イノベーション・ナショナルシステムは，独立行政法人通則法の一部を改正する法律（2014 年）による，国立研究開発法人制度[9]，特定国立研究開発法人による研究開発等の促進に関する特別措置法（2016 年）による，特定国立研究開発法人制度[10]，国立大学法人法の一部改正法（2016 年）による，指定国立大学法人制度[11] の創設として実現する。日本再興戦略がシーズ先導型イノベーションである，SIP や ImPACT を提案していることはすでに述べた。

　イノベーション・ナショナルシステムが提示された後の「科学技術イノベーション総合戦略 2015」（以後，総合戦略 2015）では，産業競争力強化を含めたバリューチェーンのシステム化の推進が示されている（内閣府 2015, 30）。総合戦略 2015 では「課題解決型」の文言が登場しない点は興味深い。日本経済再生本部が示す「アベノミクス」に基づく成長戦略は，シーズ先導型イノベーションを重視する傾向があることがうかがえる。

8．第5期基本計画（2016 年）

8-1　第5期基本計画──Society 5.0 の展開とシーズ先導型，ニーズ牽引型イノベーションの融合

　2016 年 1 月に「第5期基本計画」が閣議決定する。科学技術イノベーション政策は「経済，社会及び公共のための主要な政策」とされ，当基本計画の中核に置かれている（総合科学技術・イノベーション会議 2016）。政策の基本方針として，1）未来の産業創造と新たな価値創出，2）経済・社会的課題への対応，3）基礎研究および人材育成，4）イノベーション創出のシステム設計を定め，以上の基本方針を効果的・効率的に進めるために，a）科学技術イノベーショ

ンと社会との関係深化，b）科学技術イノベーションの推進機能の強化を挙げている。

　第5期基本計画は「「超スマート社会」（Society 5.0)」の実現を，科学技術イノベーション政策の本丸として設定している。第5期基本計画はSociety 5.0の名づけを「狩猟社会・農耕社会・工業社会・情報社会に続くような新たな社会を生み出す変革を科学技術イノベーションが先導していく」と説明している。内閣府はSociety 5.0を「サイバー空間（仮想空間）とフィジカル空間（現実空間）を高度に融合させたシステムにより，経済発展と社会的課題の解決を両立する，人間中心の社会（Society)」と説明し，その中核となる科学技術として，ビッグデータと人工知能（AI），IoT（Internet of Things）やロボットのイメージを挙げている[12]。

　Society 5.0は以下の点で興味深い概念である。一つは，Society 5.0は，狩猟社会・農耕社会・工業社会・情報社会に続く社会であり，経済発展段階説や社会段階説のメタファーに組み込まれ「来るべき未来社会」の位置が与えられている点である。この「来るべき未来社会」は，現段階では「目標」であり成立していない社会でありながら同時に，未来において「歴史的発展段階」として達成がみこまれている社会の表象である。

　もう一つは，Society 5.0が，シーズ先導型とニーズ牽引型イノベーションの両義性を同時に含む点だ。先に示したSociety 5.0の説明を約言すれば「科学技術がもたらす未来の社会」以外のなにものでもない。しかしだからこそ，Society 5.0は，現実の社会課題が科学技術によって解決された「来るべき未来社会」の像であると解釈できる点において，ニーズ牽引型イノベーションの帰結を示す。なおかつ，科学技術の研究成果がそのような理想社会をもたらすという意味で（安倍首相の「世界一を目指す為には何と言ってもイノベーション」の言葉を思い出そう）シーズ先導型イノベーションの結果としても解釈できる。

　以上のSociety 5.0の特徴は，Society 5.0を可能にする科学技術としてのAIのイメージにも依存しているように思われる。AIは内閣府のSociety 5.0の図像において「適当なデータセットを入力すれば問題解決の解を出力する万

図6-2　Society 5.0 における AI のイメージ

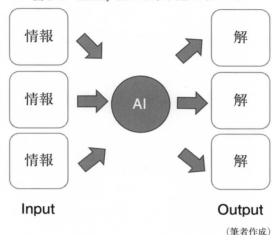

（筆者作成）

能マシン」の位置づけを与えられている（図6-2）。このような万能マシン＝
AI を開発できさえすれば Society 5.0 は実現可能であるという点において，
Society 5.0 は，AI テクノロジーによるシーズ先導型イノベーションとみなせ
るだろう。一方で，アウトプットとしてどのような問題解決を設定するかに
よって，AI に求められる出力が変わる点において，Society 5.0 は課題解決型
の観点も含んでいる。

8-2　第5期基本計画の科学技術コミュニケーション──共創的科学技術イ
　　　ノベーションに資する科学技術コミュニケーション

　当基本計画の，科学技術イノベーションと社会との関係深化（6章）は，第
4期基本計画の，社会と科学技術イノベーションの関係深化を継承するもので
ある。そこでは「科学技術イノベーションにより，未来の産業創造と社会変革
への第一歩を踏み出すとともに，経済・社会的な課題への対応を図る」ために
「科学技術と社会とを相対するものとして位置付ける従来型の関係を，研究者，
国民，メディア，産業界，政策形成者といった様々なステークホルダーによる
対話・協働，すなわち「共創」を推進するための関係に進化させることが求め

られる」とし，共創的科学技術イノベーションの推進が掲げられている。基本計画で共創概念が登場するのは，ここが初めてである。興味深いのは，これまで科学技術と社会が「相対」する関係であったとみなす一方で，今後この両者の関係を，科学技術イノベーションを「推進」するように組み替えると宣言し，それをもって「共創」と述べている点である。

　この共創的科学技術イノベーションは，2015 年に文部科学省 安全・安心科学技術及び社会連携委員会が「科学技術イノベーションが生み出す成果が，経済社会に発展の原動力をもたらすのと同時に，社会・人間にとって安全性，持続可能性，倫理的受容可能性，有益性等において望ましいものとなるように，市民，専門家，事業者，メディア，政策担当者といった多様なステークホルダーの間で意見やアイデア，知識を交換し，互いの期待や懸念に応えあう共創を基盤にした知識創造とそのガバナンスのプロセス」と提示したものを引き継いだものとされている（安全・安心科学技術及び社会連携委員会 2015, 6；吉澤2017）。

　基本計画では，共創的科学技術イノベーションの推進のために，1）ステークホルダー間の対話・協働，2）国民の科学技術リテラシーの向上・研究者の社会リテラシーの向上，3）研究者の政策形成への科学的助言，4）倫理的・法制度的・社会的課題への対応を挙げている。

　1）については「第 3 期基本計画以降，科学技術コミュニケーションを政策的に誘導してきたこともあり，サイエンスカフェなど研究者が自ら参画して行うアウトリーチ活動の取組が広まった」と述べた上で「今後は，アウトリーチ活動の充実のみならず，科学技術イノベーションと社会との問題について，研究者自身が社会に向き合うとともに，多様なステークホルダーが双方向で対話・協働し，それらを政策形成や知識創造へと結び付ける「共創」を推進することが重要である」と指摘し，そのための国の役割として「大学，公的研究機関及び科学館等とともに，より効果的な対話を生み出す機能を充実させ，多様なステークホルダーを巻き込んだ円卓会議，科学技術に係る各種市民参画型会議など対話・協働の場を設ける」ことを挙げている。また，4）については

「新たな科学技術の社会実装に際しては，国等が，多様なステークホルダー間の公式又は非公式のコミュニケーションの場を設けつつ，倫理的・法制度的・社会的課題について人文社会科学及び自然科学の様々な分野が参画する研究を進め」るとしている。このように第5期基本計画では，共創的科学技術イノベーションに資するための科学技術コミュニケーションが掲げられていることがうかがえる。

　以上，シーズ先導型とニーズ牽引型のイノベーションの要素を含んでいるSociety 5.0 は，「様々なステークホルダーが双方向で対話・協働し，それらを政策形成や知識創造へ結び付ける」共創的科学技術イノベーションの提案と共鳴する側面を有しているともいえるだろう。

9．基本計画他にみる科学技術イノベーション政策と科学技術コミュニケーション

　基本計画や科学技術イノベーション総合戦略，日本再興戦略を参照し，2000〜2010 年代の科学技術イノベーション政策を概観した。では，これらの計画や戦略は果たしてどれだけ達成されているのだろうか。

　政府の科学技術政策への影響力は，総合科学技術・イノベーション会議への改組など強まる一方で[13]，この間の日本の科学技術研究力の低下が指摘されている（種村 2018a）。また，政府肝いりで行われた SIP や ImPACT は目立った成果を上げていない。そのため，基本計画は成功していないと判断できるのではないだろうか。特に，イノベーション・ナショナルシステムがもたらした，国立研究開発法人制度，特定国立研究開発法人制度，指定国立大学法人制度などの「選択と集中」の制度化は，研究機関や大学の研究力を削いでいる可能性もあるといえよう。もちろん基本計画は，科学技術政策の中長期計画であり，現実的な目標よりも目指すべき方向性を示すものともいえる。その意味で，計画の達成だけをみて計画の評価はできないかもしれない。しかしながら，第5期基本計画に掲げられそれ以降の科学技術政策で用いられる，

Society 5.0 はその定義も目指す方向性も曖昧であり，方向性を示すという基本計画としての機能を果たしているのかについては，疑問が残る。

　次に，科学技術イノベーション政策にパブリックエンゲージメントとしての科学技術コミュニケーションが組み込まれることについて考えてみたい。ゲノム編集や人工知能，情報通信技術といった先端科学技術の進展が，人びとの日々の生活に恩恵を与える一方で，負の影響を生じさせる可能性があることを認めて良いだろう。また，気候変動のように，一人ひとりの日常生活における科学技術の利用が世界的な規模で人類全体の存続に関わることも顕在化してきた。ゆえに，一部の専門家だけではなく，科学技術の影響を直接被る人びとが，科学技術と社会の関連を議論し，政策決定に関わっていくことは民主主義の理念からも，望ましいことだと考える。ゆえに，科学技術イノベーション政策への市民参加の道筋を担保することを目指す科学技術コミュニケーションは，「人類社会の持続的な発展に貢献する」ことを目的とする科学技術政策を推進するために，重要かつ必要なことであるといえるだろう。

　一方，「研究者，国民，メディア，産業界，政策形成者といった様々なステークホルダーによる対話・協働」を掲げる，第5期基本計画に示された共創的科学技術イノベーションは，科学技術への市民参加が科学技術イノベーションを促進させるという観点のみを強調しているように思われる[14]。しかしながら，対話の目的を，科学技術イノベーションの促進としてしまうことは，科学技術を抑制する立場の意見を議論に先立って否定しているのではないだろうか。結論や方向性が事前に決まっている議論は，すでに形骸化しているともいえる。むしろ「この科学技術の開発は中止すべきだ」という一定の合理的な理由と手続きに基づく判断があれば，科学技術の開発にモラトリアム期間を設ける選択肢，すなわち科学技術イノベーションの抑制を認めることで，科学技術政策へのパブリックエンゲージメントに対して民主主義の理念を保障することができるのではないか。このようにみると，第5期基本計画で示された，科学技術イノベーションの促進を前提とする科学技術コミュニケーションは，科学技術への民主的参加のそもそもの意義を損なう可能性もありうるように思われ

る[15]。

10.　結　　論

　本章は「理解増進からパブリックエンゲージメントへ」と整理される科学技術コミュニケーションの展開モデルを，日本の科学技術イノベーション政策との関連から通時的に捉え直すことを試みた。本研究で得られた知見は以下である。

　1）シーズ先導型イノベーションを展開する第3期基本計画（2006年）では，シーズによって産み出されたイノベーションの成果を国民に伝えることで「科学技術への関心を高める」，科学技術の理解増進の側面が強い科学技術コミュニケーションの方略が採られていた。

　2）ニーズ牽引型の第4期基本計画（2011年）では，人びとのニーズをイノベーションに反映させる，パブリックエンゲージメントの側面が強い科学技術コミュニケーションが示されていた。

　3）第5期基本計画（2016年）では，共創的科学技術イノベーションが掲げられ，様々なステークホルダーによる対話・協働を通じて，科学技術イノベーションを促進することが示されていた。

　4）一方，共創的科学技術イノベーションに資する科学技術コミュニケーションの重視は，科学技術コミュニケーションの持つ，科学技術イノベーションへの批判性を弱め，科学技術への民主的参加の機能を削ぐ可能性があると思われる。

　以上より，日本の科学技術コミュニケーションは，科学技術イノベーション政策と関連していることが確かめられた。科学技術へのパブリックエンゲージメントのあり方も，第4期基本計画が国民の政策参画であるのに対し，第5期基本計画では共創的科学技術イノベーションのための対話・協働が示され，その目的に違いがあることがうかがえる。科学技術イノベーション政策との関連を見ることで，科学技術コミュニケーションの展開モデルに，新たな知見を加

えることができるように思われる。

謝辞

　本研究は，科学研究費助成事業「演劇を用いた科学技術コミュニケーション手法の開発と教育効果の評価に関する研究（基盤研究 C 19K03105）」（研究代表：種村剛）の成果の一部である。第 92 回日本社会学会大会（2019 年）学会報告「科学技術コミュニケーションに求められているコミュニケーションスキルとは？：2000 年代の「コミュニケーション能力」概念との関連から」（報告者：種村剛）に大幅な加筆修正を加えている。

1)「理解増進からパブリックエンゲージメントへ」と言われる科学技術コミュニケーションの展開は，1990 年代の英国の BSE（牛海綿状脳症）による科学者の「信頼の危機」や，世界科学会議における「科学と科学知識の利用に関する世界宣言（Declaration on Science and the Use of Scientific Knowledge）」（通称，ブダペスト宣言）に示された「社会における科学と社会のための科学」に端を発するといわれている（世界科学会議 2000）。その後，科学への市民参加は，欧州連合の研究開発フレームワークプログラム，2014 年から 2020 年の Horizon 2020 に継続し，「社会と共にある／社会のための科学（Science with and for Science）」セクションの下に設置された「責任ある研究・イノベーション（RRI; Responsible Research and Innovation）」に展開したと整理されている（科学コミュニケーションセンター 2015；藤垣 2018；研究開発戦略センター 2019；標葉 2020）。

2) 総合科学技術・イノベーション会議の前身である科学技術会議は 1959 年に，政府の諮問に応じて総合的かつ中・長期的な観点から科学技術政策を策定するために総理府に設置された。その後，2001 年 1 月の内閣府設置法施行に伴う中央省庁再編により，文部省と科学技術庁が統合され文部科学省が発足，科学技術会議に代わって総合科学技術会議が設置される。2014 年 5 月に総合科学技術会議は総合科学技術・イノベーション会議に改組された。

3) イノベーションという言葉は用いられていないが，第 2 期基本計画（2001 年）においても科学技術と社会の新しい関係の構築（1 章 4 節）において，産業を通じた科学技術の成果の社会への還元が述べられている。科学技術の成果を社会に還元することで，科学と社会の関係を構築するという基本姿勢はこのころから一貫している。

4) 施政方針演説は国立国会図書館 国会会議録検索システムによる（https://rnavi. ndl.go.jp/research_guide/entry/post-562.php#top-）。

5) 第 1 次安倍内閣に後続する，福田内閣，麻生内閣（ともに自民党と公明党の連立政権）における内閣総理大臣の施政方針演説では「イノベーション」の語は登場しない。

6) 議員立法によって 2008 年に成立した「研究開発システムの改革の推進等による研究開発能力の強化及び研究開発等の効率的推進等に関する法律」。同法は，日本の法律で初めてイノベーションの語を用いた法律であり「イノベーションの創出」

を「新商品の開発又は生産，新役務の開発又は提供，商品の新たな生産又は販売方法の導入，役務の新たな提供の方式の導入，新たな経営管理方法の導入等を通じて新たな価値を生み出し，経済社会の大きな変化を創出すること」（第2条第5項）と定義した。2018年に「科学技術・イノベーション創出の活性化に関する法律」へと名称変更した。

7) 日本経済再生本部は2012年12月第2次安倍内閣発足時の閣議決定で誕生した，経済財政諮問会議と連携し，成長戦略の策定などを目的に内閣に設置された組織である。本部長は内閣総理大臣が務め，他の部員は国務大臣によって構成されている。日本経済再生本部の下には未来投資会議（前身は産業競争力会議）が置かれ成長戦略の具体的な検討を行っている。

8) ImPACT については科学技術振興機構のパンフレットを参考にした（https://www.jst.go.jp/impact/download/data/ImPACT_p.pdf）。このプロジェクトの後継にあたるものがムーンショット型研究開発制度である，ムーンショット型研究開発制度については（https://www8.cao.go.jp/cstp/moonshot/index.html）を参照。

9) 研究開発を主たる事業とする独立行政法人を国立研究開発法人として位置づける制度。

10) 科学技術イノベーションの基盤となる世界最高水準の研究開発成果を生み出すことが期待される創造的業務を行う国立研究開発法人を「特定国立研究開発法人」に指定する制度。理化学研究所，産業技術総合研究所，物質・材料研究機構の三機関が指定されている。

11) 文部科学大臣が世界最高水準の教育研究活動の展開が相当程度見込まれる国立大学法人を「指定国立大学法人」に指定する制度。指定国立大学は研究成果の活用促進のための出資対象範囲の拡大が特例として認められる。

12) 内閣府の Society 5.0 の説明は以下のウェブページを参考（https://www8.cao.go.jp/cstp/society5_0/）。また「科学技術イノベーション総合戦略2016」では「「Society 5.0」（超スマート社会）の深化と推進」との表現が用いられ，第5期基本計画の「超スマート社会」（Society 5.0）から語順の入れ替えが生じている。このようにして超スマート社会概念に代わって Society 5.0 が前面に展開していくことになる（内閣府2016）。科学技術イノベーション総合戦略の後継にあたる「統合イノベーション戦略」（2018）は基本的考え方として「我が国を「世界で最もイノベーションに適した国」に変革し，「科学技術イノベーションを通じて Society 5.0 の実現を目指す」ことの意義」を強調する（内閣府2018，9）。「世界で最もイノベーションに適した国」は第2次安倍内閣の施政方針演説に登場した言葉であることは，すでに確認した通りである。日本経済再生本部「未来投資戦略2017：Society 5.0 の実現に向けた改革」，「未来投資戦略2018：「Society 5.0」「データ駆動型社会」への変革」（日本経済再生本部2017；2018）の表題からも，Society 5.0 が主題となっていることがうかがえる。

13) 前述のように「科学技術イノベーション総合戦略」は，2018年より，幅広く科学技術イノベーションに関連する政策や経済社会システムを対象として，基礎研

究から社会実装までのイノベーション政策を政府が一体となって統合的に推進するための「統合イノベーション戦略」に置き換えられた（内閣府 2018；2019）。この「統合イノベーション戦略」に基づき，内閣に統合イノベーション戦略推進会議が，内閣官房にイノベーション推進室が設置された。統合イノベーション戦略推進会議は，総合科学技術・イノベーション会議，高度情報通信ネットワーク社会推進戦略本部，知的財産戦略本部，健康・医療戦略推進本部，宇宙開発戦略本部及び総合海洋政策本部並びに地理空間情報活用推進会議について，横断的かつ実質的な調整を図るとともに，同戦略を推進するために設置された。議長は内閣官房長官が務め，全ての国務大臣が構成員となっている。

14) 第6期科学技術・イノベーション基本計画において科学技術コミュニケーションがどのように位置づけられるかについては，科学技術社会連携委員会（2019）が参考になる。ここでは，第5期基本計画を引き継ぎ，共創的科学技術イノベーションを促進するための科学技術コミュニケーションが述べられている。

15) 種村（2018b）は，科学技術コミュニケーションの一つである，リスクコミュニケーションが共創的科学技術イノベーションへ回収されていくことを明らかにしている。

参 考 文 献

安全・安心科学技術及び社会連携委員会（2015）「社会と科学技術イノベーションとの関係深化に関わる推進方策：共創的科学技術イノベーションに向けて」
　https://www.mext.go.jp/b_menu/shingi/gijyutu/gijyutu2/064/houkoku/__icsFiles/afieldfile/2015/07/29/1359752_1.pdf　2020年4月18日閲覧。
藤垣裕子（2018）『科学者の社会的責任』（岩波科学ライブラリー 279）岩波書店。
イノベーション 25 戦略会議（2007）「長期戦略指針「イノベーション 25」」
　https://www.cao.go.jp/innovation/　2020年4月18日閲覧。
科学技術社会連携委員会（2019）「今後の科学コミュニケーションのあり方について」
　https://www.mext.go.jp/b_menu/shingi/gijyutu/gijyutu2/092/houkoku/__icsFiles/afieldfile/2019/03/14/1413643_1.pdf　2020年3月21日閲覧。
科学コミュニケーションセンター（2015）『科学コミュニケーション案内』科学技術振興機構 科学コミュニケーションセンター。
川本思心（2019）「包摂的／再帰的サイエンスコミュニケーション研究をめざして」
　『サイエンスコミュニケーション』9 (2)，12-17。
研究開発戦略センター（2019）『調査報告書 科学技術イノベーション政策における社会との関係深化に向けて』科学技術振興機構 研究開発戦略センター。
経済再生担当大臣（2014）「我が国のイノベーション・ナショナルシステムの改革戦略」
　https://www8.cao.go.jp/cstp/siryo/haihu119/siryo1_5.pdf　2020年4月18日閲覧。
小林信一（2017）「科学技術イノベーション政策の誕生とその背景」『科学技術社会

論研究』13，48，65。

工藤充（2019）「海外のサイエンスコミュニケーション研究の動向：「理解からエン
　ゲージメントへ」のその後」『サイエンスコミュニケーション』9（2），8-11。

内閣府（2013a）「第 107 回総合科学技術会議 議事要旨」
　https://www8.cao.go.jp/cstp/siryo/giji/giji-si107.pdf　2020 年 4 月 18 日閲覧。

─────（2013b）「科学技術イノベーション総合戦略：新次元日本創造への挑戦」
　https://www8.cao.go.jp/cstp/sogosenryaku/2013/honbun.pdf　2020 年 4 月 18 日
　閲覧。

─────（2014）「科学技術イノベーション総合戦略 2014：未来創造に向けたイノベー
　ションの懸け橋」
　https://www8.cao.go.jp/cstp/sogosenryaku/2014/honbun2014.pdf　2020 年 4 月 18
　日閲覧。

─────（2015）「科学技術イノベーション総合戦略 2015」
　https://www8.cao.go.jp/cstp/sogosenryaku/2015/honbun2015.pdf　2020 年 4 月 18
　日閲覧。

─────（2016）「科学技術イノベーション総合戦略 2016」
　https://www8.cao.go.jp/cstp/sogosenryaku/2016/honbun2016.pdf　2020 年 4 月 18
　日閲覧。

─────（2018）「統合イノベーション戦略」
　https://www8.cao.go.jp/cstp/tougosenryaku/tougo_honbun.pdf　2020 年 4 月 18
　日閲覧。

─────（2019）「統合イノベーション戦略 2019」
　https://www8.cao.go.jp/cstp/togo2019_honbun.pdf　2020 年 4 月 18 日閲覧。

日本経済再生本部（2013）「日本再興戦略：JAPAN is BACK」
　https://www.kantei.go.jp/jp/singi/keizaisaisei/pdf/saikou_jpn.pdf　2020 年 4 月 18
　日閲覧。

─────（2014）「「日本再興戦略」改訂 2014：未来への挑戦」
　https://www.kantei.go.jp/jp/singi/keizaisaisei/pdf/honbunJP.pdf　2020 年 4 月 18
　日閲覧。

─────（2017）「未来投資戦略 2017:Society 5.0 の実現に向けた改革」
　https://www.kantei.go.jp/jp/singi/keizaisaisei/pdf/miraitousi2017_t.pdf　2020 年
　4 月 18 日閲覧。

─────（2018）「未来投資戦略 2018：「Society 5.0」「データ駆動型社会」への変革」
　https://www.kantei.go.jp/jp/singi/keizaisaisei/pdf/miraitousi2018_zentai.pdf
　2020 年 4 月 18 日閲覧。

世界科学会議（2000）「科学と科学的知識の利用に関する世界宣言（1999 年 7 月 1
　日採択）」『学術の動向』5（4），9-17。

標葉隆馬（2020）『責任ある科学技術ガバナンス概論』ナカニシヤ出版。

首相官邸（2009）「新成長戦略（基本方針）：輝きのある日本へ」

https://www.kantei.go.jp/jp/kakugikettei/2009/1230sinseichousenryaku.pdf
2020 年 4 月 18 日閲覧。

───（2010）「新成長戦略：「元気な日本」復活のシナリオ」
https://www.kantei.go.jp/jp/sinseichousenryaku/sinseichou01.pdf　2020 年 4 月
18 日閲覧。

総合科学技術会議（2001）「第 2 期科学技術基本計画」
https://www8.cao.go.jp/cstp/kihonkeikaku/honbun.html　2020 年 4 月 18 日閲覧。

───（2006）「第 3 期科学技術基本計画」
https://www8.cao.go.jp/cstp/kihonkeikaku/honbun.pdf　2020 年 4 月 18 日閲覧。

───（2011）「第 4 期科学技術基本計画」
https://www8.cao.go.jp/cstp/kihonkeikaku/4honbun.pdf　2020 年 4 月 18 日閲覧。

総合科学技術・イノベーション会議（2016）「第 5 期科学技術基本計画」
https://www8.cao.go.jp/cstp/kihonkeikaku/5honbun.pdf　2020 年 4 月 18 日閲覧。

杉山滋郎（2020）「科学コミュニケーション」藤垣裕子（責任編集）・小林傳司・塚
原修一・平田光司・中島秀人（協力編集）『科学技術社会論の挑戦 2 科学技術と
社会：具体的課題群』東京大学出版会，1-24。

種村剛（2018a）「科学技術政策は国政選挙の争点となっていたのか？：2016 年参院
選を事例として」三船毅（編）『政治的空間における有権者・政党・政策』，29-
66。

───（2018b）「科学技術コミュニケーションにおけるリスクコミュニケーション
の位置づけ」『科学技術コミュニケーション』24，69-81。

吉澤剛（2017）「私はテラスにいます：責任ある研究・イノベーションの実践にお
ける憂慮と希望」『科学技術社会論研究』14，116-133。

執筆者紹介（執筆順）

宮野　　勝　中央大学社会科学研究所研究員，中央大学文学部教授

寺村　絵里子　中央大学社会科学研究所客員研究員，明海大学経済学部教授

安野　智子　中央大学社会科学研究所研究員，中央大学文学部教授

塩沢　健一　中央大学社会科学研究所客員研究員，鳥取大学地域学部教授

三船　　毅　中央大学社会科学研究所研究員，中央大学経済学部教授

種村　　剛　中央大学社会科学研究所客員研究員，
　　　　　　北海道大学高等教育推進機構特任講師

有 権 者 と 政 治

中央大学社会科学研究所研究叢書40

2021 年 3 月 20 日　初版第 1 刷発行

編 著 者　　宮　野　　　勝
発 行 者　　中 央 大 学 出 版 部
代表者　　松　本　雄 一 郎

〒 192-0393　東京都八王子市東中野 742-1
発行所　中 央 大 学 出 版 部
電話 042（674）2351　FAX 042（674）2354
https://www2.chuo-u.ac.jp/up/

ⓒ Masaru Miyano 2021　　　　　　　　　惠友印刷㈱

ISBN 978-4-8057-1341-9

中央大学社会科学研究所編

1 自主管理の構造分析
－ユーゴスラヴィアの事例研究－

A 5 判328頁・品切

80年代のユーゴの事例を通して，これまで解析のメスが入らなかった農業・大学・地域社会にも踏み込んだ最新の国際的な学際的事例研究である。

中央大学社会科学研究所編

2 現代国家の理論と現実

A 5 判464頁・4300円

激動のさなかにある現代国家について，理論的・思想史的フレームワークを拡大して，既存の狭い領域を超える意欲的で大胆な問題提起を含む共同研究の集大成。

中央大学社会科学研究所編

3 地域社会の構造と変容
－多摩地域の総合研究－

A 5 判482頁・4900円

経済・社会・政治・行財政・文化等の各分野の専門研究者が協力し合い，多摩地域の複合的な諸相を総合的に捉え，その特性に根差した学問を展開。

中央大学社会科学研究所編

4 革命思想の系譜学
－宗教・政治・モラリティ－

A 5 判380頁・3800円

18世紀のルソーから現代のサルトルまで，西欧とロシアの革命思想を宗教・政治・モラリティに焦点をあてて雄弁に語る。

高柳先男編著

5 ヨーロッパ統合と日欧関係
－国際共同研究 I －

A 5 判504頁・5000円

EU統合にともなう欧州諸国の政治・経済・社会面での構造変動が日欧関係へもたらす影響を，各国研究者の共同研究により学際的な視点から総合的に解明。

高柳先男編著

6 ヨーロッパ新秩序と民族問題
－国際共同研究 II －

A 5 判496頁・5000円

冷戦の終了とEU統合にともなう欧州諸国の新秩序形成の動きを，民族問題に焦点をあて各国研究者の共同研究により学際的な視点から総合的に解明。

■━━━━━ 中央大学社会科学研究所研究叢書 ■

坂本正弘・滝田賢治編著

7 現代アメリカ外交の研究

A 5 判264頁・2900円

冷戦終結後のアメリカ外交に焦点を当て，21世紀，アメリカはパクス・アメリカーナⅡを享受できるのか，それとも「黄金の帝国」になっていくのかを多面的に検討。

鶴田満彦・渡辺俊彦編著

8 グローバル化のなかの現代国家

A 5 判316頁・3500円

情報や金融におけるグローバル化が現代国家の社会システムに矛盾や軋轢を生じさせている。諸分野の専門家が変容を遂げようとする現代国家像の核心に迫る。

林　茂樹編著

9 日本の地方ＣＡＴＶ

A 5 判256頁・2900円

自主製作番組を核として地域住民の連帯やコミュニティ意識の醸成さらには地域の活性化に結び付けている地域情報化の実態を地方のCATVシステムを通して実証的に解明。

池庄司敬信編

10 体制擁護と変革の思想

A 5 判520頁・5800円

A.スミス，E.バーク，J.S.ミル，J.J.ルソー，P.J.プルードン，Φ.N.チュッチェフ，安藤昌益，中江兆民，梯明秀，P.ゴベッティなどの思想と体制との関わりを究明。

園田茂人編著

11 現代中国の階層変動

A 5 判216頁・2500円

改革・開放後の中国社会の変貌を，中間層，階層移動，階層意識などのキーワードから読み解く試み。大規模サンプル調査をもとにした，本格的な中国階層研究の誕生。

早川善治郎編著

12 現代社会理論とメディアの諸相

A 5 判448頁・5000円

21世紀の社会学の課題を明らかにし，文化とコミュニケーション関係を解明し，さらに日本の各種メディアの現状を分析する。

中央大学社会科学研究所研究叢書

菅原彬州編

19 連続と非連続の日本政治

A 5 判328頁・3700円

近現代の日本政治の展開を「連続」と「非連続」という分析視角を導入し，日本の政治的転換の歴史的意味を捉え直す問題提起の書。

斉藤　孝編著

20 社会科学情報のオントロジ
－社会科学の知識構造を探る－

A 5 判416頁・4700円

オントロジは，知識の知識を研究するものであることから「メタ知識論」といえる。本書は，そのオントロジを社会科学の情報化に活用した。

一井　昭・渡辺俊彦編著

21 現代資本主義と国民国家の変容

A 5 判320頁・3700円

共同研究チーム「グローバル化と国家」の研究成果の第3弾。世界経済危機のさなか，現代資本主義の構造を解明し，併せて日本・中国・ハンガリーの現状に経済学と政治学の領域から接近する。

宮野　勝編著

22 選 挙 の 基 礎 的 研 究

A 5 判152頁・1700円

外国人参政権への態度・自民党の候補者公認基準・選挙運動・住民投票・投票率など，選挙の基礎的な問題に関する主として実証的な論集。

礒崎初仁編著

23 変 革 の 中 の 地 方 政 府
－自治・分権の制度設計－

A 5 判292頁・3400円

分権改革と NPM 改革の中で，日本の自治体が自立した「地方政府」になるために何をしなければならないか，実務と理論の両面から解明。

石川晃弘・リュボミール・ファルチャン・川崎嘉元編著

24 体制転換と地域社会の変容
－スロヴァキア地方小都市定点追跡調査－

A 5 判352頁・4000円

スロヴァキアの二つの地方小都市に定点を据えて，社会主義崩壊から今日までの社会変動と生活動態を3時点で実証的に追跡した研究成果。

■ 中央大学社会科学研究所研究叢書 ■

石川晃弘・佐々木正道・白石利政・ニコライ・ドリャフロフ編著

25 グローバル化のなかの企業文化

－国際比較調査から－

A 5 判400頁・4600円

グローバル経済下の企業文化の動態を「企業の社会的責任」や「労働生活の質」とのかかわりで追究した日中欧露の国際共同研究の成果。

佐々木正道編著

26 信頼感の国際比較研究

A 5 判324頁・3700円

グローバル化，情報化，そしてリスク社会が拡大する現代に，相互の信頼の構築のための国際比較意識調査の研究結果を中心に論述。

新原道信編著

27 "境界領域"のフィールドワーク

－"惑星社会の諸問題"に応答するために－

A 5 判482頁・5600円

3.11以降の地域社会や個々人が直面する惑星社会の諸問題に応答するため，"境界領域"のフィールドワークを世界各地で行う。

星野　智編著

28 グローバル化と現代世界

A 5 判460頁・5300円

グローバル化の影響を社会科学の変容，気候変動，水資源，麻薬戦争，犯罪，裁判規範，公共的理性などさまざまな側面から考察する。

川崎嘉元・新原道信編

29 東 京 の 社 会 変 動

A 5 判232頁・2600円

盛り場や銭湯など，匿名の諸個人が交錯する文化空間の集積として大都市東京を社会学的に実証分析。東京都ローマの都市生活比較もある。

安野智子編著

30 民 意 と 社 会

A 5 判144頁・1600円

民意をどのように測り，解釈すべきか。世論調査の選択肢や選挙制度，地域の文脈が民意に及ぼす影響を論じる。

中央大学社会科学研究所研究叢書

星野　智編著

37 グローバル・エコロジー

A 5 判258頁・2900円

地球生態系の危機，人口・エネルギー問題，地球の環境破壊と軍事活動，持続可能な国際循環型社会の構築，放射性物質汚染廃棄物の問題を追及する。

新原道信編著

38 "臨場・臨床の智"の工房
－国境島嶼と都市公営団地のコミュニティ研究－

A 5 判512頁・5800円

イタリアと日本の国境島嶼と都市のコミュニティ研究を通じて，地球規模の複合的諸問題に応答する"臨場・臨床の智"を探求する。

中島康予編著

39 暴力・国家・ジェンダー

A 5 判212頁・2400円

ルソー，アダム・スミス，モーゲンソー，アガンベン等を読み解き，平和や生のあり方に迫る思想史・現代思想研究を中心に編まれた論集。

＊価格は本体価格です。別途消費税が必要です。